JN065445

言伝（ことづて）

2020年
学長は学生に何を伝えたのか

真銅　正宏
Shindo Masahiro

追手門学院大学出版会

まえがき

学長に就任することは前年から決まっていましたが、二〇二〇年の年が明けてからCOVID-19蔓延という世界的なパンデミックが始まり、世の状況は一変し、学長就任の節目どころではないまま、四月一日を迎えました。

学生が多く集まる大学においても、感染拡大の温床となる危機感が強まりました。そこで、多くの大学では授業を原則オンライン型に切り替えることとなりましたが、キャンパスにおける通信容量の増強の必要や、学生の家庭におけるパソコン利用環境や通信環境の整備のために、数週間ほど休講する大学が多く見られました。

本学においても、日々会議を重ね、感染予防による安全確保と、学修機会の保証という、相矛盾する二つの要素の間で、学生のための最良の方策を探っていました。

最終的に我々が採ったのは、授業開始日から全授業をオンライン化するという判断でした。

幸いなことに、本学においては、二〇一九年四月の総持寺キャンパス開校に合わせ、ＢＹＯＤ（bring your own device）という教育施策を導入し、新入生から順次、自らのパソコンを持参して授業に参加することとしていました。また、授業についても、数年前から、ＬＭＳ（learning management system）の積極的な活用を先生方にお願いし、資料配布や小テスト、授業内レポートなどをできる限りデータファイルなどの形で学生とやりとりしてもらっていました。

このような積み重ねが功を奏し、深刻な問題もなく、学年暦どおり四月九日から授業を開始することができました。

その直前の四月七日、大阪府を含む地域に緊急事態宣言が出されました。さらにその対象地域は全国に拡げられました。しかし本学では、その後も当初の方針を改めることはせず授業を続けました。何より、学生たちの「学びを止めない」ためにです。

もちろんこれは、慣れないオンライン授業準備のために想像を絶する努力をしてくださった先生方のご協力がなければ、とても成り立たないことでした。先生方の中には、長時間にわたってパソコンに向かい合いすぎて、目を痛め、眼帯をされている方、手首の腱鞘炎のために、包帯を巻いている方など、痛々しいほどの姿も見られました。

それでも、お願いし続けました。今思えば、奇跡のようにも思えます。職員の皆さんも、感染の不安の中で、テレワークを併用しつつ、新しい事態においての学生のサポートのために努力を惜しみませんでした。おかげで、一度の休講もなく春学期を終えることができました。無事、学生たちの学びは継続されました。

当然ながら、学生たちも大変だったと推察されます。友達がすぐ隣にいない孤独な環境の中で、慣れないオンライン授業を受講し、対面授業との差異を補うべく課される通常以上のレポートに追われ、先生との新しいコミュニケーションの取り方にも対応しなければなりません。それでも、この春学期の授業の参加度は、アンケート結果などでも高い数値を示しました。

このように、学生、教員、職員の皆さんに努力ばかりを強いて、学長には何ができるのか。このことが私には負い目になっていました。直接的には何もできない忸怩たる思いの中で、せめて、学生たちの毎週の授業参加ペースを実感し、気持ちだけでも寄り添ってみようと、毎週一度、約一〇〇〇字弱ではありますが、学生たちにメッセージを届けることを思いつきました。

それがこの「言伝」です。直接的なメッセージ性よりも、むしろ私の毎回の授業の小レポートのようなものとして、やや間接的に、気楽に読んでもらいたいと思い、その意をこの名に込めました。

大きな行動制限のかかった二〇二〇年は、歴史的な年として刻まれると思います。しかし、多感な学生時代の一年間もまた極めて貴重です。この年を無駄にすることはできません。今、希望がなくとも、つくり出せばよいのです。そのために、いろんなことを考えてほしい。学生の皆さんには、改めてこの思いが伝わればと思います。

目次

目次

言伝（ことづて）

２０２０年　学長は学生に何を伝えたのか

緊急事態宣言を受けて

2020・04・08

社会の出来事 3月11日、新型コロナウイルス感染症について、世界保健機関（WHO）が「パンデミック」を宣言

緊急事態宣言[注]が出されました。学生の皆さん、要請に従い、原則的に家から出ないでください。そうして、じっくり考えてください。今、自分がすべきことを。

追手門学院大学では、新型コロナウイルス感染予防のために、当面、対面授業を取り止め、遠隔授業による学修の機会提供を決めました。遠隔授業は、当然ながら、先生や友人たちとともに、同じ教室で同じ空間と時間を共有して学ぶ授業とは、決定的に異なるものです。さまざまな意味で、もどかしいことも多いかもしれません。

しかし、この対面授業の無い期間に、まったく何も学ばないことは、もっと避けなければならないリスクです。

また、遠隔授業による学びの形態は、あるいは近い将来やってくる皆さんの働き方の先取りでもあります。

そのような環境の中で、最大のパフォーマンスを上げること。今までと違った授業形式の中で、これまで同様、あるいは、これまで以上に学びを深めること。そのために、何をどうすればよいのかを、自ら考えること。そのような思考が、きっと、皆さんの将来に良い方向づけを与えてくれるはずです。

新入生への祝辞は動画で配信した

この新型コロナウイルスによる世界の激変は、一〇〇年に一度とも云われる悪夢のような出来事です。しかし人間は、その歴史において、想像を絶することが起こった時に、思考力や想像力を尽くし、さまざまな方法を案出して、これを乗り越えてきました。

むしろ、危機の乗り越えがあったからこそ、人間は成長してきたと言えるかもしれません。

この危機を、皆さんの成長のためにも、少しでも意味あるものに転換できればと思います。

遠隔授業のために、先生方も職員の皆さんも、毎日毎晩、さまざまな努力を重ねてくださっています。学生の皆さんと先生方、そして職員の皆さんが、いつか笑顔でこの困難を振り返る日が来ることを願います。

緊急事態ではありますが、落ち着いて、日々の学修を継続してください。また、家にあって、この機会にしかできないことを、自ら選び行ってください。

一日一日、ひとつひとつの行動が、すべて、皆さんの未来をつくる要素です。大切に過ごしてください。

注　第1回緊急事態宣言が2020年4月7日に発出された。

オンラインで仮想図書館に出かけよう

2020・04・14　**社会の出来事**　4月11日、パンデミックによる世界全体の死者10万人を超える

大阪府から休業要請が出されました。さらに強く外出の自粛が求められています。学生の皆さんにもう一度お願いします。自粛を継続し、原則的に家から出ないでください。

家に居て、キャンパスと同様に学修を継続することは、なかなか困難なことです。しかしながら、考えてみれば今という時代は、知識や情報を集めるための道具が以前より格段に整備されている時代です。想像してみてください。スマートフォンが無かった時代の学生たちのコミュニケーションの形を。どこかへ出かけるにしても、地図でしか調べられなかった時代を。

想像してみてください。パソコンが無かった時代を。皆さんの先生方の多くは、図書一冊を探すにも図書館に行きカードの目録を手で繰って調べていました。

今は、新型コロナウイルス感染予防のために、大学図書館に立ち入ることはできませんが、オンラインで図書館のウェブサイトに入ることで、疑似的な図書館探索が可能です。

ＶＰＮ（virtual private network）接続を知っていますか。自宅のパソコンを大学にＶＰＮ接続することで、大学の中のパソコンと同じ環境でデータベースなどを閲覧することができます。

図書館のページに出かけると、JapanKnowledgeなどの辞書が使え、『朝日新聞』『読売新聞』『毎日新聞』『日本経済新聞』などの記事が読めます。各種法令や政府の出す白書も簡単に見ることができます。

追手門学院大学が導入している電子図書館サービスのトップ画面

図書や雑誌も、実物の書籍ではなく電子図書や電子ジャーナルで読めるものが増えています。また、企業の情報も、日経テレコン21や日経BP社などのデータベースで検索できます。

追手門学院大学のウェブサイトだけでもこれだけのことができますが、他にも、例えば国立国会図書館のウェブサイトでは、国立国会図書館デジタルコレクションにおいて、著作権の切れた近代の本などを画像で読むことができ、歴史的音源（れきおん）というサイトでは、一九〇〇年初頭から一九五〇年頃のレコードをデジタル化した音源を聴くこともできます。こんな便利な時代なのです。

これまで、リアルな環境で接してきたこのような図書館資料に、今こそヴァーチャルで接し、これまで以上に、効率的に情報や知識を集めてください。これは、家に長く居ることができる、今がチャンスです。

この困難な時期に、皆さんの学びが途切れないことを、心より願っています。

これからの授業や大学生活の「常識」

2020・04・21 **社会の出来事** 4月16日、「緊急事態宣言」全国に拡大、13都道府県は「特定警戒都道府県」に

緊急事態宣言が出されてから二週間が経ちました。遠隔授業という新しいスタイルに、少しは慣れてこられたでしょうか。

この間、先生方は、ほとんどの場合初めて、授業のオンライン化に伴う教材の工夫や授業方法の変更に取り組まれ、並々ならぬ努力を重ねてくださっています。他の多くの大学が、授業開始を遅らせたり、オンライン授業の比率が低いままであったりする中で、本学においては、ほぼすべての授業が遠隔授業に移行し、試行錯誤の中ではありますが、学年暦を変更しないまま授業を進めることができています。

上級生の皆さんの就職活動についても、今年は大きく変化しています。合同説明会や会社でのインターンシップなどが中止され、個人のウェブ（Web）面接やオンラインでのグループ面接など、新しい採用方法が採られるようになってきました。特に大企業など、広い範囲から多くの学生を選びたい企業では、このオンライン型の就活は、新型コロナウイルス感染拡大が収まった後も、これからのスタンダードになっていくかもしれません。

そんな時にも、皆さんの遠隔授業における授業参加の経験が活かされるはずです。ウェブ上で、いかに

オンライン授業の様子

自分の意見を、正しく説得力を持って伝えられるか、これからの時代には、このような力が求められるはずです。

海外の多くの人が、日本の大学生のリクルートスーツによる就職活動の姿を見て驚きます。本来個性を発揮すべき場で、同じ服装や髪型をしているからでしょう。このことに代表されるような、「日本の常識は海外の非常識」と云われるような慣習が、日本にはまだまだたくさんあります。今後は、「これまでの常識は今後の非常識」になるかもしれません。

さあ、皆さん、これを機会に、本当に大切なことは何か、じっくり考えてみてください。慣習に流されず、新しい時代を生きる力を、自ら修得してください。そのために、積極的になってください。

まずは従来の授業方法の慣習から自由になり、今、与えられた環境で、学びの新しいスタイルを、皆さんが確立してください。ピンチをチャンスに変えてください。

皆さんの時代への即応を心より期待いたします。

新入生と先輩たちとのオンライン交流会

2020・04・27　社会の出来事　4月24日、「全国の小中学校、高校の9割が休校」（文部科学省調査）

新学期が始まって三週間が経ち、履修登録もほぼ無事に完了したとの報告を受けました。遠隔授業に代表されるとおり、本学において、学びの継続の環境は整えられつつあります。ただ、学生の皆さんが同級生や先輩たちと日常的に会い、話し、触れあうことができないということによる寂しい状況だけは、残っています。

先日、先輩学生三人が新入生のために動き出してくれました。ウェブ会議システムを用いた、オンライン交流会の開催です。

まず、「大学生活の時間の使い方」をテーマに、先輩学生がプレゼンテーションを行い、次に新入生からのさまざまな質問を受けてくれました。実に活発なやりとりでした。その様子の一部は動画で見られますので、新入生のみならず、上級生の皆さんも、ぜひ一度ご覧になってください。

例年、本学では、三月に、先輩たちが、入学前教育というプログラムで、新入生の皆さんに対し、大学で学ぶことの意味や、友だちづくりのきっかけ提供、大学の紹介などを行ってくれていました。学生同士の「学びあい、教えあい」は、本学の伝統です。しかし、今年は新型コロナウイルス感染予防のために、

↑オンライン交流会の模様

取り止めにせざるを得ませんでした。

その代わりになるような企画を、先輩たちが自ら発案し、開催してくれたのです。

「ふれあい」とは、本来、直接手と手などで相手の存在を確かめることですが、人類は進化し、触覚という原始的な感覚を用いなくとも、ウェブ上の視覚と聴覚だけで、他の人々と接することができるようになりました。我々の子どもの頃の、未来の夢の一つに「テレビ電話」がありましたが、今はごく普通に、簡単に、この夢が実現しています。今こそこの視覚と聴覚だけによる交流の利点を用いるべき時です。

もちろん、この新型コロナウイルス感染予防のための外出自粛が緩和された後には、実際に同じ場所に居て「触れあう」こともできるようになります。それまでの一時的な代替方法として、今は、視覚と聴覚により、比喩的に「ふれあう」ことを続け、寂しい状況をやり過ごしてください。

先輩たちが提供してくれたのは、その機会です。このような「ふれあい」が拡がることを願っています。

学びを「凍結」させないために

2020・05・01 社会の出来事 5月1日、専門家会議「長丁場前提に新しい生活様式を」

当初五月六日までとされた緊急事態宣言の延長が取りざたされています。新型コロナウイルス感染予防のための外出自粛も、いつまで続くかわからない状況にあります。

また、大学の九月入学についても議論が始まりました。

しかしながら、誰しも、それぞれの人生を日々生きています。毎日、生きた細胞は入れ替わり、成長を続けます。入学が半年伸びたからといって、皆さんの時間が凍結されるわけではありません。


本学は四月九日から、WebClassやテレビ会議システムを活用した授業を学年暦どおりに展開しています。先生方も、遠隔授業への切り替えという急な要求への準備のために並々ならぬ労力を傾注されました。本学において何らかの形で遠隔授業を行っている授業の比率は一〇〇パーセントに達しています。

いくつかの他大学のように、しばらく休講にしたり、学年暦を変更したりしなかった理由は、何より、この四月の学生の皆さんの学びの機会を止めたくなかったからです。学期当初から学びを継続している皆さんが、例えば連休明けまで無為に待って学び始めるより、知識や情報の蓄積において優位にあることは当然のことです。それが一生のうちのたった一ヶ月でも、成長には明確な差がつくはずです。

オンライン授業に出席する学生たち

学び続けている皆さん、どうぞ自信と誇りを持ってください。今、遠隔授業の新しい授業スタイルに悪戦苦闘されている皆さん、その戸惑いや苦労が、すべて学修です。どうぞ努力と工夫をあきらめないでください。

外出自粛が要請され、皆さんが自宅で学ぶことを求められている今こそ、時間の使い方を問われる実に大切な時期です。この時間を大事に使った人間が何らかの形でリードすることは明らかです。

或る先生から、遠隔授業の教育効果や面白さがようやくわかってきた、という報告を得ました。学生の皆さんにも、この全学一斉遠隔授業という、歴史上初めての、新しい試みのパイオニアとして、その類い稀なる経験を楽しむ心の余裕ができれば、と願っています。

どうかＳＮＳ（social networking service）やニュースなどの過剰な情報に惑わされることなく、自分を信じて学び続けてください。皆さんの成長を心より願っています。

「コロナ後」を見据えて

2020・05・14　社会の出来事　5月14日、国連、世界恐慌以来の景気後退予測

「なにがどうなろうと、たいしたことありゃあせん」
これは、皆さんの大先輩で本学の第一期生である、作家宮本輝さんの自伝的小説「流転の海」シリーズの最終巻「野の春」における、宮本輝さんらしき人物である伸仁の父の熊吾の言葉です。

宮本輝さんによると、「流転の海」全九巻の中でも、読者が最も好きな言葉だそうです。

この小説の主人公松坂熊吾の人生は波瀾万丈で、何度も不幸のどん底に陥っています。それでも彼が人生の最末期に述べた言葉が、この言葉だったのです。

緊急事態宣言は延長されましたが、世の中の空気は、次第に解除後を意識したものへと変化しつつあります。人々の警戒感が過度に緩むことのないよう、今こそ正しい「コロナ後」の社会のあり方を考えなければなりません。

さて、我々は「コロナ後」に、まったく元どおりの世界を取り戻すべきなのでしょうか。

一ヶ月の緊急事態宣言の期間、外出自粛などにより、止まった活動も多くありましたが、その間にも世界の時間も皆さんの人生の時間も進みました。我慢していたことを再び行う楽しみも多々ありますが、もはや戻らなくてもよいものもあるのではないでしょうか。

例えば家で家族と過ごす休日。友だちとのウェブ上での交流。オンラインを活用した授業や教職員のテレワークという働き方の中の良い部分など。

自宅に長く居ることで新しく発見したことや、経済活動が一時的に止まったことで見えてきた自然や社会や生活についての気づきを、次の時代に応用すべきではないでしょうか。

確かにこの間の「自粛」生活は、我々に苦しみも与えました。しかし、このことを次の時代に負の遺産として引きずるだけではなく、せっかく起こった変革をも取り込んだ、新しい暮らし方、新しい学び方、新しい世界とのつながり方に転換することができたなら、我々の「自粛」も、有意義な経験へと変わるはずです。戻らなくても、「新型コロナ」経験も含めて進めばよいのではないでしょうか。

「なにがどうなろうと、たいしたことありゃあせん」

皆さん、先を見据えましょう。今後を考えましょう。未来を信じましょう。そうして、前向きに今の状況を捉え直してみてください。光が見えてきませんか。

宮本輝氏
1970年文学部卒業

周囲への意識と話し方の磨き上げ

2020・05・21 社会の出来事 5月20日、夏の全国高校野球、戦後初の中止決定

オンライン授業も、既に学期のちょうど半分あたりに差し掛かりました。画面越しのコミュニケーションにも慣れてこられたでしょうか。

皆さんの言葉は、相手にうまく伝わっていますか。聞き取りにくい時、字幕があればと思ったことはありますか。

実は、言葉は、その音や文字だけでは、意味は伝わりません。相手が「あ」という音を発しても、それが、驚きを示す語なのか、英語の「一つ」を示す「a」なのか、古語の「自分」を意味する「吾」なのかは、それだけでは決められません。相手の顔が驚いているか、英語圏の人か、古典の授業中であるか、とにかくその場の文脈（コンテクスト）が最終的に意味を決定します。相手の顔が映っている時と映っていない時とでは、言葉の伝わりやすさはまったく異なります。

話のわかりやすさには、発音の明瞭さだけではなく、文脈をいかにうまく伝えているかが重要なのです。

もう一つ、話がうまい人には特徴があります。

授業中に意見を求められて発言する時、皆さんはいったい誰に向かって話しているのでしょうか。もち

オンライン授業で学生とコミュニケーションをとる教員

ろん、尋ねた教員に対して、というのが第一義ですが、実は、その先生にだけではなく、自分の答に耳をそばだてている周りのみんなのことも意識しているはずです。我々は、先生と一対一の対話を行っているわけではありません。これが、発言の真の姿です。

先生は質問の意図をよくわかっているので、先生に向かって話す時には、要点を絞り、簡潔に意見だけを話す方がよく伝わります。しかし、周りのみんなには、状況説明を適宜加えながら話す方がわかりやすい。この双方の配慮を持った発言が教室全体を盛り上げる発言となると、とりあえずは言えます。

発言の際に、聞き手を意識する。この意識のあり方が、その人の話し方の個性をつくったり、その人の評価を決めたりします。

マスコミにも取り上げられましたが、本学では今、企業と協力して、オンラインでのインターンシッププログラムの開発を考えています。また、就職活動において採用活動のオンライン化も進むと思います。聞き手を意識した発言を心がけてみてください。話し方はきっと良い方向に変えられます。期待しています。

創立記念日にあたって

2020・05・28　社会の出来事　5月25日、緊急事態の解除宣言、約1ヶ月半ぶりに全国で解除

五月二九日は、追手門学院が一三二周年を迎える創立記念日です。追手門学院小学校の前身である大阪偕行社附属小学校が一八八八年四月三日に開校式を挙行しました。一八九二年四月二九日に、明治天皇の「一層精励、その実を挙ぐべし」とのお言葉が伝えられたのを記念して、それ以来、この日を創立記念日としてきたものです。さらに、昭和になって、この四月二九日であったものが、天皇誕生日と同じということで、一ヶ月後の五月二九日になりました。

考えてみれば、すべての学校の学年暦が基本的に四月に始まるとするならば、学校の創立記念日というものはどの学校においても四月一日になるはずです。しかし、本学院のように、開校した日と別の日にわざわざ創立記念日が決められているのは、その日が始業の日として大切だからという理由より、毎年或る日を決めて、その日に改めて創立の日を思い、気持ちを更新して、新たな一年に臨むための日として大切であるからと考えられます。

これは母の日や父の日とも同様です。母や父に感謝すべきであるのはこの日に限りません。しかし、時間は常に流れ続けているので、日々の移ろいの中でずっと何かを考え続けたり、感謝し続けたりすることもまた困難です。我々は、日々何かを忘れゆく動物だからです。

大阪偕行社附属小学校（現在の追手門学院小学校）

そこで、慣れから脱するために、この決められた日に意識して立ち止まり、創立の日を振り返り、今までの歴史と伝統を確認し、さらにその歩みを明日へとつなげることを思考するのが、創立記念日の存在意義の一つです。

今年は一三二周年です。一三〇周年の二〇一八年には盛大なる記念式典が行われました。しかし、一三〇年と一三二年とで、何らかの価値の差異があるわけではありません。在学生の皆さんにとっては、今年が在学中に迎えた創立記念日として一生に一度しかない日であることに違いはありません。

皆さんが学ぶこの学院の歴史の長さに、思いを馳せてください。そうして、誇りを持ってください。これほど長い歴史を持つ学院は、日本でも有数です。

そうして、この誇りを次代につなぐことを考えてください。

本学院の不断の伝統と歴史を再確認する日として、また、自動化に流れがちな我々の意識の更新の日として、この日を有意義に過ごしてください。

ものの見方の角度を変えよう

2020・06・04 社会の出来事 5月29日、サッカーJ1、7月4日再開を決定、当面は無観客試合

新型コロナウイルスの蔓延は、我々に、とてつもない苦労とともに、さまざまな「気づき」をも与えてくれました。社会的な距離の取り方や生活様式の見直しまで進んでいます。すし詰め状態の満員電車の中で平気でいたことは、今となっては実に異常な光景に見えてきます。日常の「慣れ」は、何かを「疑う」力を損ないます。

「気づき」は「学び」の機会です。例えば、新型コロナウイルス感染症という名も、国際的には、正式にCOVID-19と呼ばれていますが、日本ではなかなか浸透しません。日本という国が、既にある慣れた呼び名や決まったやり方を、なかなか変えようとしないお国柄であることが、改めて明らかになりました。

「気づき」を「学び」に進展させるために、我々はもっと意識的に、ものの見方の角度を変える必要があります。「何何してはいけない」を、「こんなこともできる」という言葉に置き換えるだけで、同じ出来事の印象が変わります。

例えば、「出勤してはいけない」を、「週に二日はテレワークもできる」と言い換えることで、通勤を含めた働き方の常識が覆ります。

オンライン授業ではWeb会議システムやYouTubeも活用

「集まってはいけない」を、「離れた場所でもコラボレーションできる」へ転換することで、人と人の付き合い方も大きく変化します。現代という時代は、そのための通信技術や道具が整っています。

大学の授業においても、「遅刻してはいけない」から、「繰り返しオンデマンドで学修できる」へうまく転換できれば、通学や大学という場所の意味合いも決定的に変わるのではないでしょうか。

ところで、この二ヶ月ほどについて、「失われた時間」や「失われた学び」などという言葉が用いられることがありますが、本当に、時間や学びは「失われた」のでしょうか。

日々成長し生き続けている我々には、時間自体を失うことなどありえません。自宅に居る時間も、何かを学び続けていたはずです。それが何であったかを、角度を変えて考えてみればよいのです。

今からでも遅くありません。何かを疑い、気づき、そこから、これまでとは違った何かを学んでください。今がその絶好のチャンスかもしれません。

「学び」の機会はどこにでもあります。それに「気づく」のは我々のものの見方次第なのです。

生活のデザインと自己のコントロール

2020・06・11　**社会の出来事**　6月10日、新型コロナ、解雇や雇い止め、非正規雇用で働く人が6割占める

自宅に居ることが多いと、ただでさえ運動不足で体力が落ちるものです。ましてや、授業の課題のみならず、動画資料の視聴やオンライン議論などまでパソコンで行っている現状は、普段以上に首や腰の痛み、眼の疲れなどを引き起こしやすい危惧すべき環境下にあるものと思われます。

また、ずっと自宅で過ごした夜には、睡眠時間は足りているのに、悪い夢を見るという話もよく聞きます。

皆さん、自分の体力や健康をうまく管理できていますか。

そもそも大学生活は、高校生の頃までと違い、週に何時間かの体育の時間があるわけでもなく、授業や課外活動も自らその時間を決定することが原則であるので、自己管理にはことさら自覚的になる必要があります。

このたび、この環境を少しでも改善すべく、社会学部の巽樹理先生にお願いして、ストレッチの動画をつくってもらいました。題して「座ってできる簡単ストレッチ①肩・肩甲骨まわりの緊張をほぐす」。どうぞご覧になって、日々意識的に身体を動かし、自分の身体の調子を整えてください。

↑巽樹理准教授によるストレッチ講座

ところで、人間は毎日、どの程度の運動を行うべきなのでしょうか。現代は人類がかつてないほどパソコンにしがみついて仕事や作業を行う時代です。この時代に、我々の身体は、どの程度の運動を欲しているのでしょうか。読書の習慣は昔からありますが、ひょっとすると「晴耕雨読」という言葉も、読書と運動とのバランスについていう言葉なのかもしれません。

作家の三島由紀夫が剣道五段で、三〇歳を過ぎてからボディ・ビルを始めたことはよく知られています。夏目漱石も、留学中のロンドンで自転車に乗る練習をしていました。「自転車日記」という文章も残っています。勉強のし過ぎで鬱々としていたとされる漱石のロンドン生活ですが、意外に楽しそうなこの練習は、体力と知力のバランスを考えての行動かもしれません。着物が普段着であった明治の時代に自転車に乗ることは、今ほど一般的ではなかったはずです。あの漱石が一所懸命自転車の練習をする姿は、想像するに実に微笑ましいものがあります。

ぜひ皆さんも、自らの生活をデザインして、体力をコントロールしてください。大切なのは、バランスです。

メッセージの二重性またはメタ思考

2020・06・18 社会の出来事 6月12日、「新たな日常」へのIT技術活用、有識者懇談会設置へ

六月も中旬になり、北海道以外の全国で梅雨入りしました。ただし正確には、梅雨入りという事象は無いそうです。

このたび、広報課の皆さんが、大学のウェブサイトに「言伝（ことづて）」というページをつくってくださいました。CAMPUS SQUAREに掲載してきた学長メッセージを集めたものです。自宅に居る学生の皆さんの歩調を意識して、毎週一篇のペースで書き続けてきました。

今回は、「言伝」開設にあたり、「学長メッセージについての学長メッセージ」を届け、このような「メタ」なるものについて考えてみます。

例えば、或る授業で先生が、「私の言うことなど信じなくていいよ。疑いなさい。そこから学びが始まります」とおっしゃったとします。この先生の言葉は、信じないでおくべきでしょうか。

このことを考える時、我々は、或るメッセージについて、二重の思考をしていることに気づきます。一つは、言葉の内容の理解に関わる思考。もう一つは、先生がなぜそのようなことを言うのか、その意図に関わる思考です。「信じる」次元が二重になっています。このように、物事を二重の次元で考えることが

大学公式ホームページに開設した「言伝（ことづて）」のトップページ

メタ思考です。

メタ思考的なものは、世に溢れています。例えば「読書について書かれた本を読むこと」や「映画をつくる映画」、「脳科学者の脳の研究」などです。石川淳という作家に「佳人」という事実上のデビュー作がありますが、その冒頭には、小説を書き始めて書けずにいる作家が描かれています。

このように、次元を超えた思考をすることで、我々は、単純な次元の出来事を、もう一段上から客観的に見直すことができます。

漢字という漢字。日本語という日本語はあるが、英語という英語は無い。どうですか。思考が柔軟になってきませんか。その意味でもメタ思考はお薦めです。最近では、オンラインの利害についてオンラインで議論する、というのもメタ思考的な行為ですね。

「言伝」という言葉には、この二重性の意味を込めました。内容とともに、この言葉を書くことで私が何を伝えたいのか、その真の意図を、内容とは別にメタレベルで考えていただければ本望です。

このような学長メッセージを書くことで、もっとこれを読んでもらおうとすること。実はこれが真の意図です。

質問上手、答え上手になるために

2020・06・25 **社会の出来事** 6月21日、テレワーク、3割以上が経験、内閣府調査

毎年のことですが、追手門UI論の授業に登壇してきました。といっても、今年はオンライン授業用の動画収録でしたが。

例年と違い、学生の皆さんの顔が見えないことで、予想以上に勝手が違って苦労しました。教員は、演習はもちろん、講義で話す場合にも、学生の反応に強く影響を受けます。学生の反応を見て、自分の講義がうまく伝わっているかどうかを確認しながら、随時話の内容を変えたり、声のトーンを変えたりします。そのため、反応がないままに同じ調子で話し続けるのは難しいのです。

せめて少しの臨場感でも……と、動画収録は、受講者が事前に書いた「日々の学習や大学生活に関する近況報告」と「大学に対する要望や意見」を代読する梅村修先生と清水栄子先生に答えるという、インタヴュー形式で行いました。学期当初からオンライン授業が始まったので良かった、慣れてきた、オンラインも楽しいという嬉しい意見も多く見られた一方、提出課題が多過ぎる、課題のためにだけ授業を聞いているようだ、などという意見も多く寄せられました。

追手門UI論でインタヴューを受けた真銅学長

ところで、皆さんは、誰かに対して意見や質問を述べよ、と訊かれたとして、素朴に意見や質問内容だけを考えるでしょうか。実はここでは、質問力とでも呼ぶべき力が暗に試されています。

質問者は多くの場合、大体の答を予想しています。こう訊けば、たぶんこういう答が返ってくるであろう、と。しかしながら、答があまりにその予想どおりだと、最初から訊かなくてもよいわけですから、質問した甲斐がありません。そこで、答にやや失望します。

かといって、予想もつかないような質問をすると、答もそもそも期待していないものなので、的外れな答にがっかりします。

我々は普段、思うとおりの答を期待しながら適当に裏切ってもほしいという、二律背反するような態度で質問しているわけです。

うまいなあ、と思える質問とは、答が決まり切ったものではなく、相手の予想を少しだけ上手に裏切り、質問以上の答の価値を与えて、相手を感心させるようなものです。これに対する答え方も同様です。

自分の質問の意図を再確認し、より深い質問ができるよう意識してみてください。質疑応答の高度な技術が身につくかもしれませんよ。

先輩企画と変化する自己像

2020・07・02　**社会の出来事**　6月28日、世界のコロナ感染者1000万人超える

広報課が学生広報スタッフとともに年二回発行している大学広報誌『Bridge』が、これまでの冊子版ではなく、オンライン版での発行に切り替わって六月二五日に公開されました。その場でSNS等により拡散できるなど、オンライン版ならではの利便性も際立っています。

時代は変わりました。本や雑誌、出版や印刷という事業、情報の多層的な伝達など、この分野に関わる未来の像が垣間見えます。本や雑誌の形はこんなにも自由だったのかと、改めて気づかされます。

この『Bridge』に、「[学長×先輩企画Web対談]ともに頑張ろう、1年生。」という記事が掲げられました。内容は、四年生の石田美紗樹さんと速水愛海さん、三年生の北田真大君の三人が、新入生に向けて続けてくれているウェブ相談会「先輩プログラム」の企画とその模様について、私とウェブ対談したものです。この「先輩プログラム」は、入学後一度もキャンパスに来ることが叶っていない一年生の不安や心配を少しでも取り除こうと、この三人が立ち上げてくれました。三月に予定されていた「入学前教育」の代わりを、自主的に実現してくれたわけです。

「先輩プログラム」の実際の映像は、大学ウェブサイトの「動画deおうてもんMessage」に掲げられています。この動画もほとんど彼らの手づくりとのことです。

動画を見ると、新入生が徐々に彼らと打ち解けていく様が如実にわかります。また、彼ら自身も、新入生との対話からさまざまな学びを得たようです。

ここに、大学における学びの一つの理想形があります。まるで静電気が走ったように、また、攪拌されることで素材とはまったく別の味が生じるカクテルのように、先輩と新入生との交流が刺戟となって、それぞれに新しい自分が展開されていくようです。

それまで不変だと信じていた自己像も、何かのきっかけで簡単に化学変化を起こすかもしれません。

ところで、鏡の中の自分の顔はいつも左右逆です。こんな顔の人は実はどこにもいません。写真映りも、自分が気にするほど、他の人は気にしていないようです。

自己像とは、そもそも自分の幻想に過ぎないものなのです。皆さん、気づいていましたか。

これも、オンライン画面に映る自分の不思議な顔を見ていて考えました。

［学長×先輩企画Web対談］ともに頑張ろう、１年生。

新型コロナウイルス感染症の影響で、春学期はすべての授業がオンラインで実施され、１年生は入学式や通常のキャンパスライフを体験できないという異例の日々を過ごしています。そんな１年生のために、交流の場を設けようと立ち上がった学生たちがいます。仕掛人である入学前教育「先輩ブログ

↑オンライン版『Bridge』に掲載された対談記事

言葉に敏感になろう

2020・07・10 社会の出来事 7月10日、「新しい生活様式」導入しながら学習を、文部科学白書

七月になりました。かれこれ半年近く「コロナ禍」の中にありますが、この状況は、ウイルスのみならず変な言葉もたくさん世に撒き散らしました。

「自粛要請」がその代表的なものです。要請されれば自粛ではありません。「緊急事態宣言」も、考えてみれば不思議な言葉です。緊急事態は、宣言するものなのかどうか。また、非常事態ならともかく、緊急事態は何が急がれるのか中身がわからず、舌足らずです。「ソーシャル・ディスタンス」というのも誤解を招きやすい言葉です。「社会的距離」と訳せばわかるように、「ソーシャル」の意味に、二メートルほど離れることが「社会的」行為であるという別の意味が付加されているからです。「安全な距離」で十分なものを、私には押しつけがましく感じられます。

とりわけ違和感があるのは「濃厚接触」という言葉です。いつ聞いても赤面しそうになります。接触とは当然ながら、接し触れることですので、近くても離れていることを言うのには無理があります。濃厚という言葉もこってりとした状態をいう言葉で、距離が近かったり時間が長かったりの形容としては行き過ぎです。これらはあくまで比喩なのです。

どの言葉が正しいのか、ふさわしいのか？

私は、細かいことにこだわり過ぎなのでしょうか。

言葉の乱れは情報の誤伝達にもつながります。どの言葉が正しいのか、ふさわしいのか、ずれているのか、これらを考えながら文章を書けば、自ずと文章力は磨かれます。

こだわることは、学問的態度としても決して悪くないはずです。

駅のホームで「あぶないですから、黄色い線の内側までお下がりください」という言葉を初めて聞いた時、強い違和感を覚えました。「危険ですから」ならわかります。「危険だから」の丁寧語と類推できます。しかし、「あぶないです」から丁寧さを省くと「あぶないだ」という変な語になってしまい、ここに引っかかったのです。しかし、友人にそう説明しても、「そうかなあ」「別にええやん」と言われただけでした。

それでも皆さんには、やや過剰過敏なほど、言語感覚を機能させてみてほしく思います。そこから何かに気づくかもしれないからです。

言葉に敏感になりましょう。

ところで、「コロナ禍」という言葉は、どう思いますか。

秋学期以降の授業方針について

2020・07・16　社会の出来事　7月12日、「大阪モデル」黄色信号点灯、若者と夜の街の対策強化

このたびの西日本を中心とした集中豪雨災害で被害にあわれた皆様にお見舞い申し上げます。東京ディズニーランドの営業が再開されました。大阪でも、天満天神繁昌亭の寄席落語などの芸能やコンサート、美術展など、各種の催しが元に戻りつつあります。もちろん感染予防を軽視してはなりませんが、文化的な活動が再開されることは、とてもありがたいことです。

その一方で、最近では、東京都の感染者数が二〇〇人を超える日が続いています。大阪でも、「大阪モデル」で警戒レベルを示す黄信号が灯りました。

このような判断の難しい状況下ですが、大学としては、COVID-19の危険度が大幅に上がらないことを前提に、今後の授業の方針を、今は以下のように考えています。

・秋学期からは、原則、キャンパスにおける対面授業を再開する。ただし、オンライン授業のうち教育効果の高いと判断されるものについては、一定の条件の下、引き続きこれを行う。

・来年度は、COVID-19対策とは別に、教育効果の面から、本学の教育スタイルの新しいスタンダードとして、教室における対面授業とＩＣＴ（information and communication technology）を活用したオンライン授業などとを組み合わせ、授業内容に最適な形で実施することとする。

学生の皆さんも、秋学期以降の授業の形について期待と不安双方の思いがあるでしょうが、とにかくこの春学期のオンライン授業の体験を、今後のために前向きに捉え、次につなげたいのです。

日本に黒板が伝わったのは、学校制度の開始された一八七二年とされています。アメリカから持ち込まれ、数年で日本中に普及したとのことです。その後、一九五四年に、JIS（Japanese Industrial Standards：日本産業規格）により板の色が黒から緑に変更され、現在に至っています。つまり黒板とチョークを用いた教育は、一五〇年間ほどさほど形を変えていません。

なぜこのようなスタイルがずっと続いてきたのでしょうか。

その一方で、最近のICT化の進展やウェブを用いた情報伝達の技術の発展には目を瞠るものがあります。

ところで、パソコンやインターネットの普及により、教育の質は昔より高度化したのでしょうか。

茨木総持寺キャンパス アカデミックアーク

これらの問いに答えることは実に困難です。おそらく、万能な教育方法などというものも、この世には存在しません。

ただし、最終的に学びを成就するのは、皆さんそれぞれです。さまざまな学びの形のうち、自分に最も適しているのは何か。ぜひ一度考えてみてください。

「課題」との向き合い方

2020・07・22　社会の出来事　7月19日、WHO、三密回避を呼びかけ

春学期の授業期間が終わりました。開講当初からの突然のオンライン授業化にも関わらず、よく頑張って取り組んでくださいました。おかげで本学は、学年暦を変えることもなく、補講のために夏休みを減ずることもなく、次の段階へと進んでいくことができます。

オンライン授業には二つのタイプがあります。一つは、ウェブ会議システムなどを用いた同時双方向型の授業。もう一つは、パワーポイントや映像、解説音声などと課題のやりとりを組み合わせたオンデマンド型の授業です。もちろんこれらの組み合わせの変種は無限です。

授業アンケートで、本学のＬＭＳ（learning management system）であるWebClassを用いた授業について多く寄せられたのが、課題についての意見でした。とにかく課題が多い、課題のためにだけオンライン授業に出席しているようだ、などというものです。

このことは、オンライン授業自体の「課題」として捉えることができます。

先日、経済学部の櫻庭千尋学部長から、「OE50」特別プログラムの「企業組織の実例課題」のお話を伺いました。或る大手企業が、COVID-19の蔓延終結を唯一目的として、知的財産権の権利行使を一定

期間行わないと宣言したが、これによって同社が得る利益と損失を考察しなさい、という課題です。

平たく言えば、本来損するはずのこのような施策で、企業が何か得する点があるのか、を考えさせる課題です。学生たちの作成した考察結果のスライドも見せてもらいましたが、答は多岐にわたり、示唆に富み、秀逸なものも多数含まれることが素人目にも明らかでした。

茨木総持寺キャンパスで学ぶ学生（2019年撮影）

このような課題は、社会における「課題」に目を向ける絶好の機会ともなります。

社会的な「課題」に気づくこととは、何かをきっかけにして、意識的に見つけ出す場合がほとんどです。授業の課題設定は、その訓練のための最たるものです。

身近な課題にただ取り組むだけではなく、そのことをきっかけに、社会的な「課題」を発見し、さらには、あえて「課題」をつくり出すような働きかけを社会に対して行うこと。もしそのようなことができれば、社会の見え方は劇的に変化するはずです。

この春学期の体験を、皆さん、よく覚えておいてくださ い。「課題」の種がたくさん落ちているはずです。

感染リスクと「私の個人主義」

2020・07・28 社会の出来事 7月26日、国内の感染者3万人超える

COVID-19の感染拡大が続いています。大阪府の新規感染者数は連日一〇〇人を超え、本学の学生にも感染者が出ました。当然ながらこれまでにも増して注意が必要です。

一方、本学でも、七月二七日から、一定の条件の下で課外活動が再開されました。待ち望んでいた学生も多いと思います。課外活動もまた学びの場の一つであることは確かなので、大学は再開を決断しました。ただ、課外活動で集団感染が発生した他大学の情報も入ってきます。

学びの機会の多面的な継続と、感染防止策の徹底による安全の確保とは、時に相矛盾することがあります。これらの両立の可能性を探ることは、今、大学に投げかけられている大いなる難問です。

学生の皆さんにとって、感染は避けるべきものでしょうが、長期にわたる過度の活動停止もまた別の苦痛をもたらすものだと思います。かといって、家を出て何らかの活動を行うことには、常に感染のリスクが伴います。

一つだけ確かなことは、もし自分が感染したとしても、このこと自体は罪悪でないことです。いくら軽くても、症状が出たならば罹患ですので、むしろ同情してもらってしかるべきです。ところが最近では、

茨木市の６大学の学生代表は感染拡大防止に向け呼びかけた

感染者に対し理不尽な差別的視線が向けられることも少なくないようです。皆さんは、仮に感染したとしても、治療や回復を最優先にして、過度の自責の念を持つ必要はありません。

ただし、発熱や咳などの自覚症状があるにも関わらず、会合などに出席するとなると、話はまったく別です。自分の危険性の問題だけに留まらないからです。自分の都合を優先して他人を危険にさらすことは、何としても避けなければなりません。

ここでの趣旨とはやや異なりますが、夏目漱石が一九一四年に学習院輔仁会（現・学習院大学）で行った講演に「私の個人主義」と題されたものがあります。ここで漱石は、個人主義や自己本位を推奨しながら、自我や自覚と唱えれば勝手なことをしてもよいのではなく、自己を尊重すればするほど、他人の個性をも同等に尊重しなければならない、とする考えを示しています。ここが、「私の」個人主義とわざわざ断っている所以です。

学びのための活動と安全確保の二律背反の難問を解くためには、やはり皆さんの「私の個人主義」が必要なのです。

「つい調子に乗って」の前に

2020・08・06　社会の出来事　8月7日、新型コロナ1週間のPCR検査数は前週比約1・5倍。陽性の割合も増

大雨続きの梅雨が明け、ほぼ同時に酷暑の八月となりました。本学は学年暦を変更しなかったため、例年どおりの夏期休暇期間を確保することができました。定期試験期間も無く、例年以上に長い夏となります。

その一方で、感染予防のために移動や旅行がしにくい状況も続いています。学生の皆さんには、今、この期間の過ごし方が試されています。

全国各地で、痛ましい水難事故が数多く報告されています。ここには大学生も含まれています。今年は異常なほど全国的に雨が多く、災害のひどさが目立ちます。各地の水難事故にも、川幅や海岸の水流、滝壺の深さの変化などが影響しているのかもしれません。

本来体力があるはずの若い人の事故には、「つい調子に乗って」やり過ぎた行動が原因となる場合が多々あります。久しぶりに会った友人たちと「つい」盛り上がってしまったり、普段はめったにしないようなことを、アルコールの力で「つい」やってしまったり。その延長線上に、夏には特に、水に関わる事故が待っています。

事故は、起こってから後悔しても遅いものです。

「つい調子に乗って」行動する前に、一瞬立ち止まって、冷静になってください。危険なほど水に近づかなくても、この夏は十分に楽しめます。

ところで、エレベーターで遠い知人と二人きりになった時や、タクシーの車内などで交わされることが多いのが、「暑いですね」「一雨来そうですね」など天候に関わる会話です。黙っているのも失礼な時に、共有しやすい天気の話題を挨拶として交わすことで、我々は「社会的距離感」を保っているのです。

夏の追手門学院大学 茨木安威キャンパス

なぜこの「社会的距離感」が必要なのか。それは、人間関係というものが実に繊細だからです。多くの人間が常に周りとの関係について無意識裡にも並々ならぬ気を遣って生きています。

若い人が、親しい友人の歓心を買おうと「つい調子に乗って」無茶なことをしてしまうのも、そのせいかもしれません。しかしそれが事故につながっては行き過ぎです。「社会的距離感」とは、本来、周囲との人間関係において自分を大切に守るためのものだからです。「つい調子に乗って」しまわず、自分という存在を大事にしてください。

それにしても暑いですね、皆さん。

秋学期の開講を前に

2020・09・07　社会の出来事　9月7日、国内の感染者7万人超える

いよいよ秋学期が始まります。二年生以上の皆さんは、キャンパスにおける対面授業の再開について、リアルな世界での交流を期待されるとともに、今後本格化するオンライン授業との併用について、時間の自己管理や移動に関わる心配もお持ちのことと思います。

また、初めて恒常的に通学する新入生の皆さんにとっては、あの巨大な逆三角錐の建物を自分の学びの本拠地とする初めての学期となります。大学生活の現実化に伴い、やはり不安も大きいことと思います。

夏目漱石に「三四郎」という小説があります。小川三四郎という青年が、東京で大学に入るために、大望を持って九州熊本から汽車で出てくる場面から始まります。

——これから東京に行く。大学に入る。有名な学者に接触する。趣味品性の備わった学生と交際する。図書館で研究をする。著作をやる。世間で喝采(かっさい)する。母がうれしがる。

しかしながら東京での生活は思うようには進まず、三四郎はこの後、悩みながら徐々に人間関係の本質を学んでいきます。

対面授業が再開し、検温・手指消毒をする学生たち

ここで注目したいのは、三四郎にとって、大学の隣接イメージが、「学者」「学生」「図書館」「著作」であることです。

さて、皆さんにとって大学とはどのような場なのでしょうか。オンキャンパスで学ぶとはどのようなことを指すのでしょうか。友人と実際に会うことの魅力とは、言語化すればどのようなことでしょうか。

これらは、人が人と会うことの意味、社会性についての根源的な問いでもあります。大学という場の存在意義にも強く関わります。

三四郎も、「接触」「交際」を楽しみにし、「世間」や「母」を気にしていました。人間関係、対人関係が人にとっての最大の関心事であることは、今も昔も変わりません。特に対面の場においては、その場の空気を読むことは特に重要です。

キャンパスでは、これらのことをことさらに意識して学んでください。今まで普通であった人との何気ないふれあいが、いかに濃密で大切なものであるのかがわかるはずです。

一〇五分一三週の学年暦と時間感覚

2020・09・10

社会の出来事 9月8日、新型コロナ収束後の新たな学びの在り方検討、教育再生実行会議

半年ぶりの久しぶりのキャンパスと、春学期に進んだオンライン授業とで、学生の皆さんにはこれまで以上に、時間と場所の使い方について苦労と工夫の必要性を感じているのではないでしょうか。

さて、皆さんは普段、時間をうまく使いこなせていますか。時間に追われ、時間に使われていませんか。そもそも時間は、ずっと同じ長さで流れていますか。

文献で確認したわけではありませんが、物理学者のアインシュタイン（A. Einstein）は、熱いストーブの上に手を置く1分間の長さが1時間以上にも感じられ、恋人と一緒にいる1時間が1分間にも満たないように感じられる例を挙げて、「相対性」理論の説明をしたと云います。

本学では、来年二〇二一年度春学期より、総時間数を確保しつつ、これまでの一コマ九〇分の授業時間を一〇五分に延長し、その代わり授業期間を半期一五週から一三週に短縮することにしました。また、原則として定期試験期間も廃止します。

変更の目的は、第一に、半期を約四週間短縮することにより、フィールドワークや海外留学、課外活動

やボランティア活動などを、これまで以上に活発に行う環境を整えるという点にあります。加えて、毎回の授業が一〇五分になり、一五回分の内容を一三回に濃縮する必要はありますが、ディスカッションなどの時間を充実させ、授業がより立体的に組み上げられることで、理解が能率良く進むことも期待されます。また毎回の授業の到達度をその都度確認し、学修の質向上を目指す確認テストなどの時間も含める予定です。

開放的なテラスのある茨木総持寺キャンパス

この大きな変更により、夏期や春期の長い時間が確保されます。その使い方は、皆さん自身が自由にデザインすることになります。ただし、夏休みなどの自由になる時間は、長ければ長いほど良いというわけでもありません。特に今年の夏などは、多すぎる時間を持て余した人も多くいたのではないでしょうか。

時間というのは、あるだけでは、何の楽しみも休息も与えてはくれません。それを使いこなす我々の準備があってこそ価値を持つものなのです。

時間は必ず我々の身体の中を流れています。ぜひこの時間感覚を意識してみてください。一〇五分も一三週も、その長さは「相対性」に委ねられていることがわかるはずです。

途切れた時間と「涓滴岩を穿つ」

2020・09・17　社会の出来事　9月17日、菅内閣の初閣議「国民のために働く内閣」基本方針を決定

COVID-19の拡大によって、皆さんには、何か「途切れた」ことはありましたか。やりたくても継続できていない活動はありますか。それを再開したいと思っていますか。興味自体を失ってはいませんか。もしそうなら実にもったいないですね。

大学における学修の成果を自ら確認し、次につなげてもらうために、皆さんには二〇一八年よりGPS-Academicという学修成果アセスメントを受けてもらっています。先日その分析結果の説明会がありました。特に興味深かったのは、現三年生の入学後三年間の経年推移データでした。全学平均で見れば、協働的思考力は平均的に伸び、創造的思考力は一年次から二年次にかけて大きく伸びて、その後は少しの伸びに留まっているのに対し、批判的思考力は二年次から三年次にかけて急に伸びています。当然さまざまな要因が考えられますが、伸びる時期が違う、という点に大きな示唆があります。思考力に代表される我々の学力は時間と比例して伸びるものではなく、突然伸びたり伸び悩んだりするものなのです。ただし、それは学修を続けている場合に限ります。

また、一年次から二年次にかけて「学びたいことが学べていない」学生は思考力が低下しています。授業外学修時間についても、二年次から三年次にかけて「一時間未満」を選んだ学生は思考力の数値が低い

茨木総持寺キャンパス（教室）

という結果も出ています。興味や目標を持ち、学修習慣を持つ学生が着実に学力を伸ばしているという、当然と言えば当然の結果です。

小さなしずくでも、時間をかければ岩にも穴をあける。「涓滴岩を穿つ」という言葉には、成果と苦労の両面の意味があります。何かをずっと続けることは、忍耐力が求められ、実際にはなかなか困難なものです。それでも続けるには何らかの理由が必要です。強い関心や興味、人より目立ちたいという向上心などです。

前篇にも紹介した物理学者のアインシュタイン（A. Einstein）も、「私は頭が良いわけではない。ただ人よりも長い時間、一つの問題と向き合うようにしてきただけである」という意味のことを述べたそうです。

とにかく「何か」を続けてください。何に決めてよいのか迷うならば複数のことでも構いません。その「何か」に、皆さんの個性と可能性が示されているはずです。

専門分野と異分野の知について

2020・09・24 社会の出来事 9月18日、接触確認アプリ不具合訴える声相次ぐ、厚生労働省が検証へ

著名な臨床心理学者で、日本文化にも詳しく、文化庁長官も務めた河合隼雄が、『ココロの止まり木』という本の中で、京都国立博物館の文化財保存修理所を見学した際の布の補修についての話を紹介しています。

修復する時に、補修用の布がもとの布より強いと、それはもとの布を結果的に傷めることになる。そこで、補修する布は、もとの布より「少し弱い」のがいいが、その加減が難しい、と説明される。

この話を聞いて河合氏は、「ここで行われていることと私の仕事とが非常に似たことに思われてきた」と書きます。「私の仕事」とは、カウンセリングのことです。

文化財補修とカウンセリングは、一見するとまったく別世界のことですが、こうして並べてみると、実に示唆的です。カウンセラーが強過ぎると、相談者が傷ついてしまう。これは、教員と学生の関係や、先輩と後輩、コーチと選手など、さまざまな場面に応用できる言葉だと思います。河合氏は大学卒業後、高校教師になった当初にも、「張り切ってやっているのに、生徒たちの成績が思ったほどよくならない」ことがあり、かなり経ってから、「私の意欲やエネルギーが強すぎて、逆に生徒たちの成長の力を萎えさせ

基盤教育科目の一つ、芸術学の実習に取り組む学生たち

て」いたことに気づいたとも述べています。そのような経験と、カウンセリングに生涯こだわる河合氏が、文化財保存などにも興味を持ったために、このような理解と類比が可能になったわけです。

本学では、学部の専門科目とともに、基盤教育科目をも重視したカリキュラムを組んでいます。これは、日本流のリベラル・アーツの考え方に基づいています。異分野との交流の中で専門分野の学識を深めること、あるいは、まったく違う分野をまたぐような発想をすることで、新しい何かに気づくこと、そのような学問的な化学反応を期待するためです。

実は文化財補修の話は、小川洋子という作家の『物語の役割』という本で知りました。小川洋子の本は、社会学部の富田大介先生に教えていただきました。広い方向に興味を開放していると、いろいろな方面から情報がどんどん集まり、つながっていきます。このような連鎖の楽しみを、皆さんにもぜひ体験していただきたいのです。これも日本流リベラル・アーツです。

追風が吹く

2020・10・01 社会の出来事 9月25日、コロナ対策、菅内閣で初の専門家による分科会開催

本学の学友会「追風」の新委員長の加地龍也君をはじめ、副委員長の田中春那さん、小牧大輔君、椎橋琉君の四人が学長室に挨拶に来てくれました。本来ならば四月に「対面」するはずでしたが、ようやく叶いました。

加地君曰く、秋学期から再開した対面授業では、隣で一緒に授業を受けている学生の存在を、以前よりはっきりと感じるとのことでした。前を向いているので直接その顔や姿が見えなくとも、隣の学生がうなずいたり笑ったりするのは確かに伝わります。同じ場所に居ることの大切さは、彼らの学友会活動の原点でもあります。既に新しい対面方式でのクラブ・サークル勧誘など、模索も始まっています。

その一方で、オンライン開催でどこまで楽しい企画ができるかという挑戦も始まりました。今年の学園祭はその代表です。初めての試みで、そろそろプレッシャーもかかり始めたとのことです。それでも実行委員長の椎橋君は、全世界に配信できるので、参加者は過去最高になるかも、と豪語していました。私が目標値二〇億人くらいかな、と言うと、マスク越しにニヤリと笑ったように見えました。

私の学生時代、窓から眺めると、やや遠くに海が見える教室がありました。今でも時折、四時限目あたりの夕陽とともにその風景が思い浮かびます。

学友会「追風」の学生たち

これも小川洋子の『物語の役割』に教えてもらった話ですが、レイモンド・カーヴァー（R. Carver）という作家は、「書くことについて」（『ファイアズ（炎）』所収、村上春樹訳）という文章に、「作家になるには、とびっきり頭の切れる必要もないのだ」「作家というものはときにはぼうっと立ちすくんで何かに――それは夕日かもしれないし、あるいは古靴かもしれない――見とれることができるようでなくてはならない。頭を空っぽにして、純粋な驚きに打たれて」と書いています。これを読んで、記憶の中の教室から見える海から潮風が吹いたような気がしました。

皆さんには、キャンパスに「頭を空っぽにして、純粋な驚きに打たれ」るような、特別の場所はありますか。もちろん、「ぼうっと立ちすくむ」のは、「ときには」程度にしてほしいのですが。

一人を楽しみ、友人とともに居る時間も楽しむ。本学のキャンパスがそのようであればいいなと思います。

聞き上手であることの効用

2020・10・08　社会の出来事　10月2日、トランプ大統領、新型コロナウイルス感染を発表

世の中には話し上手な人と聞き上手な人がいます。話し上手と言えば褒め言葉のようですが、口が巧いと言い換えればわかるように、時に貶し言葉にもなります。それに比べて、聞き上手な人、というのは、概ね良い印象に終始するような気がします。

先日、経済学部の佐藤伸行先生が毎年取り組んでいる新聞プロジェクトの取材で、寒山あゆさん、澤井隼人君、二宮裕介君、宮崎彩乃さんの四人が、学長室にインタヴューに来てくれました。この新型コロナウイルス感染拡大に際しての大学の運営方針などを中心に、さまざまな質問を受けました。終始礼儀正しい態度でしたが、質問内容には、安威キャンパスの駐車場やグラウンド変更の件など、シビアなものも含まれていました。また、一個人として、人生で最も楽しかったことや悲しかったことについて聞かれ、あまりうまくも面白くも答えることができず、申し訳なくも思いました。

彼らは、質問しながらまっすぐに私の顔を見てくれていました。もちろん鋭い目つきというわけではなく、相手を油断させてしまうような良い視線でした。口調も実に丁寧で和やかなものでした。

このような取材の場合は、ついよけいなことまで話したくなってしまいます。

太宰治が、「一日の労苦」という小品に、次のように書いています。

学内企業説明会での一コマ

君の聞き上手に乗せられて、うっかり大事をもらしてしまった。これは、いけない。多少、不愉快である。
君に聞くが、サンボルでなければものを語れない人間の、愛情の細かさを、君、わかるかね。

四人の学生に対しては、これに近いような気持ちを持ちました。わかっていただけますか。

国枝史郎という作家が、同じ作家仲間の小酒井不木の横顔をスケッチした「名古屋の小酒井不木氏」という文章に、彼がなぜ名古屋で「寵児」となったのかについて、「趣味が多方面であり、話が聞き上手であり、性質がさっそくであって渋滞せず、感情的で無くむら気でなく、理性的であって親切であり、絶対に信頼される人」だったからと述べています。これらの性質は、すべてつながっているようです。

結果、聞き上手は、予定していた以上の情報を得ることができます。その意味で、彼らは記者として、実に優秀だったと判断されます。

自分に合った将来を探し続ける

2020・10・15　社会の出来事　10月9日、新型コロナ影響、子どもの生活リズムに乱れ、専門家グループ調査

追手門学院大学校友会が、二〇二一年に結成五〇周年を迎えます。このたび、「まいどおおきに食堂」などを経営するフジオフードグループの社長で、経済学部経営学科卒業の藤尾政弘氏が新たに会長に就任されました。先日、校友会の企画で藤尾会長と対談する機会がありました。とても勉強になりました。

藤尾会長は、社訓でも、笑顔を大切になさっているそうです。職場に一人明るい人がいると、その場に花が咲いたようになる。私も学長方針の一つとして「笑顔づくり」を掲げたことをお話ししましたが、大いに共感してくださいました。どんな場所においても、この人と一緒に仕事や活動をしたい、という人間が求められることは、いつの時代も同じです。

「咲」という字は、わらう、とも読みます。花が咲いたように明るい人は、よく笑っています。この話にも藤尾会長は興味を示されました。

今年は、COVID-19の影響で、就職活動もままならない状況が続いています。オンライン採用などの試みも始まりましたが、内定の報告も例年より出足が遅いと聞いています。

しかし皆さんは、とりわけ早くオンライン授業に対応し、学修を継続してきました。自分の力を存分に発揮できる場を、自信を持って探してください。

藤尾政弘大学校友会会長（左）と対談する真鍋学長（右）

先日、昨年の国際日本学科二年生ゼミのゼミ生だった久保亜美さんが、お手製のフロランタンをお土産に学長室を訪ねてくれました。そのついでにと、将来の相談も受けました。教員も公務員も魅力的、大学院進学という選択肢はどうか、などなど。

実は、彼女の高校時代の担任は、私の昔のゼミ生でした。このような偶然と縁とつながりがあるのが、教員という職業の醍醐味です。大学院に進学することも、その道に通じる回り道のような近道であることも話しました。ただしもちろん、将来を最後に決めるのは彼女です。

皆さんも、いろんな先輩に、いろいろと尋ねてみてください。学生たちがもっと校友会の先輩と接する機会を増やしていただけないかと、藤尾会長にもお願いしておきました。

将来を悩み、迷い、選び、やり直し、それでも自分にぴったり合うものをずっと求め続けていくこと。皆さんにはまだまだ時間があります。必要なら卒業後も求め続けてください。応援し続けますので。

襖絵の虎は実在するのか

2020・10・22　社会の出来事　10月17日、「人殺し」「地域から出ていけ」コロナ差別への対応に地域差も

政府の旅行や食事推奨が話題になっています。大阪の街も賑わいが戻ってきましたが、その一方で、いくつかの大学で新たな感染クラスターが生じ、なかなか問題の出口が見えません。皆さんは今、納得できる形で自らの行動を管理できていますか。マスコミやSNSの情報に頼るだけでは不十分であることにも、改めて気づきましたか。問われているのは、自分の判断力です。

泉屋博古館の「瑞獣伝来」展と、あべのハルカス美術館の「奇才」展に出かけてきました。三密を避ける対策が徹底されていることもあり、ゆったりと、そしてじっくりと鑑賞することができました。「瑞獣伝来」展は、龍と虎と鳳凰の絵画や青銅器などが一堂に集められたものです。「奇才」展にも、多くの絵師が描いた龍や虎の絵が展示されていました。虎は龍と並び定番の図像です。この虎の絵を見ながら考えました。一体これは、あの動物園にいる虎なのだろうか、と。

龍と鳳凰は想像上の存在とされています。これと同様に、江戸期以前はほとんどの日本人が本物の虎を見たことがありませんでした。となると、虎も、龍や鳳凰と同様の未知の驚きを人々に与えたはずです。一度でも本物の虎を見た人ならば、絵の虎も動物園の虎と同じであると考えるでしょうが、虎が神秘的

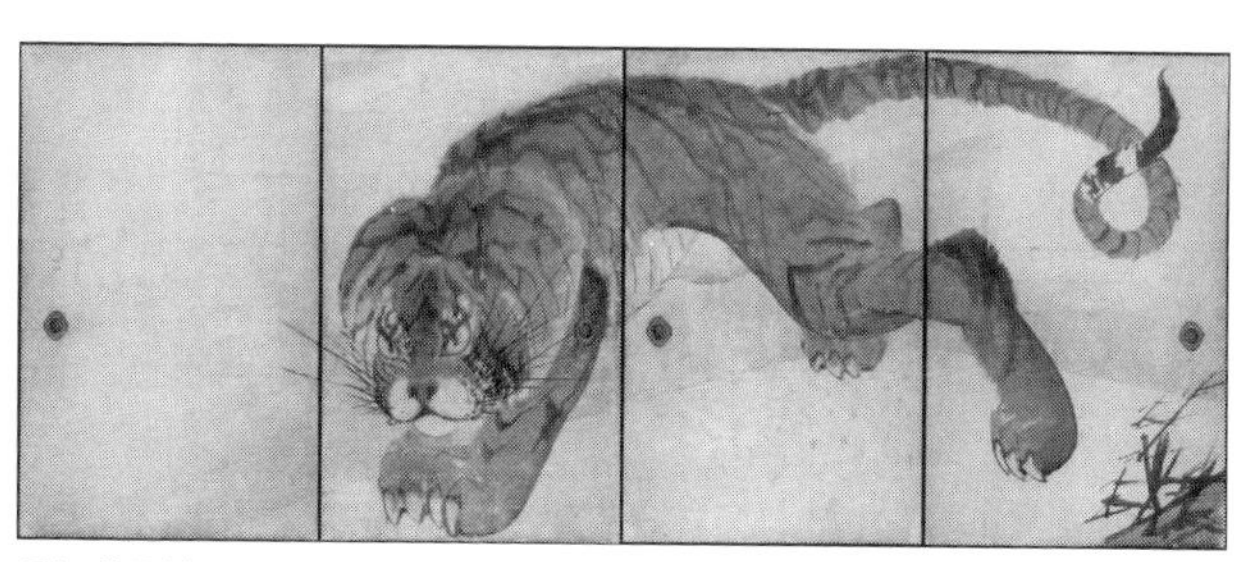
長沢芦雪筆 江戸時代の襖絵「虎図」(和歌山県 串本町 無量寺所蔵)

な存在であった時代の人々を対象に描かれたこれらの絵を鑑賞するにあたって、本当にそれでよいのでしょうか。ちょうどキリンビールのラベルの麒麟と動物園のキリンのような関係が、襖絵の虎と動物園の虎との間にも認められるのではないでしょうか。虎の絵を見る時だけは、本物と似ている、似ていないなどといった比較の視線で見てしまっていますが、これも正しいでしょうか。

美術展には、このような思考のきっかけとなる魅力が潜んでいます。それゆえ文化に触れることは人間にとって必須の行為です。ただし、それをがむしゃらに優先したが故に、自分や他人の健康を害しては、せっかく得た見識を次の段階につなげることもできません。大学生活も同様です。

より厳しく現状を認識し、自らのあるべき活動の環境づくりを自らの判断で行ってください。寺院の襖絵の中の虎や龍は、そのために人々を睨みつけているのではないでしょうか。

学園祭に寄せて——異化と自動化のはざまで

2020・10・30 社会の出来事 10月25日、「ことしのクリスマス中止しない」サンタが配信で語りかけ

今年もＯＬＳ（追手門学院大学リーダーズ・スクール）の授業に講師として招かれました。相も変わらず、異化と自動化の話をしました。

自動化とは、日常の中で、知らず知らずのうちに、あらゆる事象に疑問を持たないようになってしまっている状態を云います。例えば、空の色を聞くと反射的に青色と答えるような事態です。このような先験的な状態から意識的に脱しようとする表現や行動が異化です。

若い頃参加した学会でのことですが、入り口に水色とピンク色の二色のまったく同じ筒状の資料が無作為に混ぜて置いてありました。ほとんどの男性が水色、女性がピンク色を選んでいました。その日の学会発表はジェンダーの問題についてであり、多くの参加者はこの問題に対しての自らの無頓着ぶりにまず恥ずかしい思いをすることとなりました。幼児用品のお店でも、以前は男の子用に水色、女の子用にピンク色の服ばかり置いてありました。今はそれほどでもないのでしょうが、男の色、女の色が、多くの人の頭に刷り込まれていたわけです。皆さんは、この自動化に気づけていますか。

自動化は、制度化という概念とも近いものです。とある授業で、「谷崎潤一郎の作品は今回初めて読み

↑オンライン配信となった学園祭

ましたが、印象が変わりました」という感想を書いてくれた学生がいました。初めて読んだのに、印象が変わった、はどう考えてもおかしい。読む前から谷崎潤一郎の作品の印象が決まっているのです。これを制度化と呼んでいます。我々は、何かを知らないのではなく、あやふやな情報をなぜか知り過ぎているのです。

一一月一日に、学園祭が初めてオンライン開催されます。テーマは「「未来永劫」~人を集めず、人をつなげる~」というもので、大学に多くの人が集まることができないことを逆手に取ったものです。実行委員会のメンバーは、この開催方式のために予定していたゲストに断られるなど、予想外の経験を例年以上に積んでいます。

計画どおり順調に物事が進んでいる時には、学びは少なく、何か急なアクシデントが起こった時の方が、深い学びが得られることが多いのかもしれません。

これも異化なるものの効用の一つです。ただし実行委員会にとっては大変な困難でしょうが。成功を心より祈っています。

最大の罪は無関心

2020・11・06 社会の出来事 11月1日、「大阪都構想」の是非を問う住民投票実施

一一月になりました。一日は本学の学園祭でしたが、同じ日、大阪市のいわゆる「都構想」をめぐる住民投票があり、アメリカ合衆国では三日に大統領選挙がありました。フランスやイギリスでは、新型コロナウイルス感染拡大が再燃し、都市封鎖が再び行われています。日本を含め世界の感染状況はいまだに日々刻々と変化しています。

これら世の中の出来事に、皆さんはどの程度興味を向けていますか。皆さんがマスクをすることと、来年度の大学構内出入りの可否と、大阪市の都市封鎖の可能性とが、密接につながっていることを実感できていますか。

社会学部の横田修先生から、一一月一二日から一四日まで催される本学の舞台表現プロジェクト「STEP」の第八回公演「あいまい宝島」の案内を頂戴しました。横田先生はタテヨコ企画という劇団を主宰する著名な演出家でもあります。出演する学生たちの演技も楽しみです。

今回の作品は、ハンセン病を想像させる架空の病気に罹ったために、小さな島に完全隔離された人々の生活ぶりや、病気への偏見や誤解のために失われる人間関係などについて扱ったものとのことです。横田先生は、「本作を観ることで、COVID-19という一〇〇年に一度の疫病と闘う人類が、何か大切なものを

「あいまい宝島」公演案内

思い出すきっかけになれば幸いです」とのメールをくださいました。

私は、無自覚や無関心の状態から抜け出せる「きっかけ」として、演劇や文学などの芸術の役割があると思っています。社会学部に所属する横田先生ならではの脚本の選定です。

偶然ですが、先日、天満天神繁昌亭の夜席で、桂春蝶の新作落語「石と夕陽の間のペロリ」を聞いてきました。これは彼の「落語で伝えたい想い」シリーズの第七作ですが、ペロリは新型コロナウイルスを思わせる架空のウイルスで、話の中には、ハンセン病患者だったパン工場の主人も登場します。

いずれも、感染症という目に見えない敵を用いて、人間の心の弱さや世間の不条理などを描くもののようです。

「人間にとって最大の罪は、他者への憎しみではなく、他者への無関心である」と言ったのは、劇作家のジョージ・バーナード・ショー（G. B. Shaw）です。

今こそ、世の中に能動的に目を向けてください。見えない敵も見えるかもしれません。

それは人間らしいか

2020・11・13　社会の出来事　11月11日、新型コロナ感染者増加傾向、専門家「第3波の可能性も」

ＪＲ大阪環状線のすべての駅に、人間の女性とロボットが向き合った、あのよく目立つ広告看板があります。そこには本学の名と「それは人間らしいか？」という文字が見えます。

阪急梅田駅にも同じ広告がさらに大きく掲げられています。皆さんはもう目にしましたか。

ご存知のとおり、二〇二一年四月に、心理学部に人工知能・認知科学専攻が誕生します。本学は、いわゆる文系ばかりの六学部から成る大学ですが、これからいよいよ文系理系の枠組みを超えた教育機関へ発展していこうとしています。

既に経営学部に情報システム専攻を設置した時から、この動きは始まっていました。いわゆる理系や文理融合型の学部に進みたいと考える高校生を学生として迎えることは、かねてより本学にとっての悲願でもあります。

時代は進み、最近では文系理系という区別の有効性にも疑問が呈されるようになってきました。大学で学ぶこと、さらには実社会で出会う問題は、文系か理系かが整然と区別されているものばかりではありません。問題解決のためには、このような区別の思考法では追い付けません。

一方、巷ではＤＸという言葉がよく聞かれるようになってきました。デジタル・トランスフォーメーション（digital transformation）の省略表現で、デジタル技術とデータを活用した、企業などの業務、風土、文化などの改革のことです。この波が、大学にも押し寄せてきています。

阪急梅田駅の追手門学院大学の広告看板

大学の教育においては、ＤＸも、一見すると、授業にＩＴ（information technology）機器を導入し教材の充実などを図るＩＴ化と同様にも思えますが、この言葉が云わんとするところは、ＩＴとデータによる効果測定により、授業内容自体をも変え、カリキュラムを充実させ、学びの質の画期的な向上を目指すことのようです。

もちろんそのようなことが簡単にできれば話は楽です。車の自動運転のように、どれだけＡＩ（artificial intelligence）を駆使しても、今の段階では、教員という人間の経験や技能とうまく組み合わせせない限り実現できないのも事実です。

これからの時代は、技術の進展の中で、人間の独自の存在意義が問われる時代です。皆さんは、自分という「人間」に、どのような価値と意味を求めますか。

「それは人間らしいか？」

これは、ロボットと人間の双方に向けられた問いなのです。

社会とは何か

2020・11・19 **社会の出来事** 11月14日、G20が臨時会議、途上国の債務一部削減含む救済策を合意

社会とはいったい何でしょうか。本学の教育理念は「独立自彊・社会有為」ですが、この社会とはどのような存在なのでしょうか。

「社会」という語は比較的新しい言葉で、江戸末期に使われ始めたとされます。英語のsocietyの翻訳語であることがわかる例は、一八七五（明治八）年に『東京日日新聞』で福地桜痴が「社会」と書いて「ソサイエチー」とルビを振ったのが最初とのことです。

江戸期までは「社会」の代わりに「世間」などの語が用いられていました。この語を考えても、それがどこにあるのか実に曖昧です。

社会学は社会について研究する学問ですが、多くの学問がそうであるように、社会とは何か、について真正面から問う理論的な学問から、社会の個別の事象や問題へと研究対象が大きく拡がっています。ジェンダーやハラスメントなどが典型ですが、置き換えるうまい日本語が無いまま海外から取り入れられた問題圏も多くあります。

社会において何か解決すべき歪みが生じた時、改めて「社会」全体が認識されるという構造です。

舞台表現プロジェクトSTEPの舞台「あいまい宝島」

前にご紹介した舞台表現プロジェクト「ＳＴＥＰ」の舞台「あいまい宝島」を観てきました。ハンセン病の隔離施設である大島青松園をモデルに描かれた長谷基弘氏（劇団桃唄３０９）の作品を、本学社会学部の横田修先生（タテヨコ企画）が演出したものです。上演期間中は同時にハンセン病に関する展示も行われ、ハンセン病にも詳しい「健康と病いの社会学」がご専門の本学社会学部の蘭由岐子先生が学術アドバイザーを務められました。

COVID-19のために、練習の時間と場所の確保に苦労したであろう学生たちの演技は、それでもとても魅力的なものでした。岡山県にある国立療養所へ現地調査にも出かけ、ハンセン病患者への接し方についての理解も深めたようで、社会学部の学部プロジェクトの特性を活かした、稀有で貴重な作品が出来上がりました。横田先生も、他大学には無い本学社会学部ならではのコラボレーションによる取り組みができた、とおっしゃっていました。一一月一八日には、ＮＨＫの「ニュースほっと関西」という番組にも取り上げられました。

我々の「社会有為」のあり方にもさまざまな形が可能です。このような試みと成果は、大学として本当に誇らしいものです。「ＳＴＥＰ」の皆さん、本当にありがとう。

学びの具体化と実感

2020・11・27　**社会の出来事**　11月30日、5人に1人が「睡眠の質が悪化」、新型コロナによる生活変化影響

成熟社会研究所の学生研究員が、茨木市見山の郷産の赤紫蘇を用いた「しそとことん」というクラフトビールをつくり、話題になっています。『日本経済新聞』にも取り上げられました。成熟社会研究所の所長の佐藤友美子先生が小豆島において地域活性化の取り組みに関わっておられた中で企画が熟し、小豆島のブリュワリー「まめまめびーる」の協力で、限定二五〇本の商品化が実現しました。売れ行きも順調で、今回だけに限らず次年度も製造することを目指しているとのことです。これができれば学生研究員にも継続性が生まれます。学生研究員九人と研究所の中川啓子さんの奮闘のおかげです。

さっそく一本いただきました。赤い色が美しく、ほのかに紫蘇の香りがして、五感で楽しめるとても美味しいビールです。

森鷗外は作家として有名ですが、軍医であり、若い頃にはドイツに医学の勉強のために留学し、ここでビールに出会いました。「独逸日記」には、ドイツ人たちの飲むビールの量に驚く記事があります。友人たちは五〇〇ミリリットルのグラスを二五杯以上飲む者も稀ではないのに対し、自分は三杯しか飲めないので、「嘲笑」されるという記事です。それでも三杯は飲めたようです。

その後、ドイツ語で「ビールの利尿作用」という衛生学の論文を書き、帰国後その翻訳も発表しました。

クラフトビール「しそとことん」

ここには鷗外の「苦い」ビール体験の実感も反映されているものと思われます。

発想次第で学びはどんどん発展します。自分の学びを具体的に認識できれば、発展の方向性も確かなものとなります。

例えばオイナビに大学四年間の行動がまとめてあれば、学びの具体化に容易につながります。これは将来の進路のためのエントリーシート素材集でもあります。

「OIDAI WIL」（Work-Is-Learning）についても、可視化のためシラバスに明記します。興味を持った自らの学びをことさらに自覚することで、卒業研究のヒントを得たり、生涯続くライフワークを見つけたりすることの手助けになればと思います。

例えば味について。本来は「うまい」は「あまい」と同語という説もあるほど、甘いものが美味しく感じられるはずですが、ビールは、苦いのに美味しい、という珍しい味を持ちます。どうしてでしょうか。

ここにも学びの種が落ちています。

パーソナルスペースの変容

2020・12・04　社会の出来事　12月3日、大阪府が「医療非常事態宣言」、重症患者の急増で不要不急の外出自粛要請

とうとう大阪府の感染状況に赤信号が灯りました。本学卒業生の西上雅章さんが会長を務める通天閣も、悲しそうに赤色にライトアップされます。その一方で、府立高校については通常どおりの授業とするとされました。大学の授業も、感染対策が徹底されていることが条件ですが、それぞれの判断に任されました。本学も今のところ行動基準2レベルを維持し、対面授業を継続したいと考えています。学生の皆さんにも、感染予防のための一層の行動認識をお願いします。

パーソナルスペースという言葉があります。他者との多分に心理的な距離感やテリトリー意識のことで、例えば無人の電車の中で、自分のすぐ隣に他人が座ると、やや不安な感覚に囚われます。パーソナルスペースの広さは、人や文化によっても異なるとされます。混み具合など状況によって異なることもあります。大体、手を広げて届く範囲に他人が入ってくると、領域を侵された感覚を持つのが通常です。

人間はこの領域を、視覚や聴覚、触覚、さらには嗅覚などさまざまな感覚を駆使して測っています。さすがに味覚は使わないでしょうが、五感を駆使して、心地良い領域を守っているわけです。

このうち、視覚と聴覚は距離が離れていても判断できるので、高等な感覚と呼ばれます。これに対し触

赤色にライトアップされた通天閣

覚や味覚は対象に接していないと機能しないので、原始的な感覚とされます。嗅覚はその中間的なものです。

ところが、遠隔授業やオンライン会議などの場合は、この距離感がいったん無化されてしまいます。画面上は目の前に居ても、実は地球の裏側に居る場合まであります。しかもそこにあるのは映像と音声のみで、匂いも触感も感じ取ることはできません。そこでは視覚と聴覚を中心にした、もう一つのパーソナルスペース意識が重要になります。

これを良い方向に捉え直すならば、これからの時代は、現実の五感と、視覚と聴覚のみを使ったもう一つの社会的文化的距離感の双方が感じ分けられることで、パーソナルスペースが二重化され、対人距離感覚がより高度化されるということでもあります。

密でいることの困難な今こそ、距離感覚に敏感になってください。皆さんのよりスマートな距離感の構築を期待します。

同じようでいて、決して同じではない日常

2020・12・11　社会の出来事　12月8日、イギリスで新型コロナウイルスのワクチン接種が始まる

キャンプファイアの火や浜辺の波紋は、同じように動きながら、決して同じ形の繰り返しではありません。そのために、見飽きることがありません。ふと気がつけば、キャンプ場や海辺で、これらをずっと、ぼうっと見続けていた経験がある人は多いと思います。

キャンドルの炎も同じです。持続と変化という、やや相矛盾したものが合わさったものを、そこに見出すことができます。これは、人間の日々の生き方の比喩として見ることもできます。

今年度の「Candle Night」のスタッフである三年生の新颯太君と二年生の杉原雅希君が、今年のオンライン開催の報告と挨拶に学長室に来てくれました。

「Candle Night」は二〇一〇年に発足して今年で一一年目とのことです。九年目までは安威キャンパスの追大緑地で実施されてきましたが、昨年は一〇年目を迎えた節目に初めて総持寺キャンパスで開催されました。

その美しさは、ご覧になった方はよくご存じかと思います。キャンドルも、当初は数百個に過ぎなかったようですが、今では約四〇〇〇個の光が灯ります。スタッフは毎年五〇名ほど、今年も五四名のスタッフが準備を重ねてきました。

↑オンライン配信「Candle Night」

スタッフ自身の水際四要件の順守はもちろん、同居者の状況の把握、キャンパス入構の限定、体調が悪くなった場合の対応など、執拗なほど丁寧に説明してくれました。たとえ当日は無観客で、後日オンライン配信をするという新しい形にしても、とにかく実現したいという強い思いが認められました。彼らを支える職員の山元隆広さんたちの指導のおかげでもあるのでしょうが、本学の求める感染予防徹底の趣旨をよく理解してもらえていると感じました。

一〇年続く「Candle Night」という伝統行事は、毎年当たり前のように行われるものとなりつつありましたが、今年の状況は、それが永遠のものではないことを教えてくれました。ちょうどキャンドルの炎のように、ずっと燃え続けているように見えて、火そのものは常に移り変わっています。今年は全国各地のキャンドルナイト運営団体からメッセージも届く予定だそうです。

来年一月上旬に配信されるとのことです。その炎をご覧になり、重ねて、ぜひ、皆さん一人ひとりの日常における持続と変化の双方をも見つめ直してみてください。

起業家は養成できるのか

2020・12・18 社会の出来事 12月12日、新型コロナ再拡大でオンライン商談を導入する企業増加

今年は新型コロナウイルスの感染拡大の影響で、就職活動についてはことさらに不安感をあおられました。業界および業種によって影響の差が大きく、就きたい職業が思うように選べず、不本意な就職を選ぶ方もいたかもしれません。

自分の一生が、大学卒業時という一瞬に、不変のものとして決定されるわけではもちろんありません。むしろ卒業時の就職は一つの通過点と捉え、それ以降も、自分とぴったり合った生き方をじっくり問い続けてほしいと思います。そのためにも、生涯、何かを学び続けてほしいのです。

最近、起業家精神とかアントレプレナーシップという言葉がよく聞かれます。ベンチャー企業がその代表ですが、最近ではもう少し広範囲にわたる問題を扱い、新しい価値を生み、結果、大きく拡張する企業として、スタートアップと呼ばれる企業も注目されています。

ところで、まったく新しいものを生む起業家を、大学のカリキュラムで養成することなど、いったい可能なのでしょうか。これは難題です。

もちろん、新しいものは真似したり学んだりできません。しかしながら、その発見に至るヒントや近道

については、学ぶ方法があるはずです。また、新規を望む精神を醸成することも教育可能です。

例年は一堂に会して行う理事長からの学院生表彰を、密集を避けるために学長として分担し、学長室で、奨励賞の表彰状と副賞をお渡ししました。

学生を表彰する真銅学長

私の担当は、「関西広域連合協議会大学生等との意見交換会」で優秀賞を受賞した経済学部の「藤好ゼミ1」と、第七回グッズコンテストで最優秀賞の経営学部の「山下ゼミ　マスクメロン」、第一〇回ビジネスプランコンテストで最優秀賞の「山下ゼミ　スッキリ!」、そして同じく第一〇回ビジネスプランコンテストでフジテック特別賞の「山下ゼミ　しゅーズ」の各グループでした。皆さん、キラキラとした輝く良い瞳をしていました。

これらはいずれも、魅力的な施策や事物の具体的提案ですが、それを練る試行錯誤の過程には、まったく新しい次元のものづくりや政策提案へのヒントも多く詰まっていたはずです。

すべての学生の皆さん、すべての機会を無駄なく学びにつなげてください。皆さんの「新しさ」に向かう前向きの姿勢を期待しています。

定期試験期間廃止と成績評価について

2020・12・24

社会の出来事　12月19日、関西2府4県などが「緊急宣言」を採択、忘年会など自粛呼びかけ

今年もあと一週間を残すのみとなりました。感染予防のため帰省を断念した下宿生もいるようです。また帰省しても周囲の目が心配になるかもしれません。いずれにしても、長距離の移動については実家のご家族とよく話し合い慎重に判断してください。それが独断的でなく総合的な判断であることを望みます。もし感染したとしても、過度に自責の念を持つ必要はありません。特に症状がある場合には、自分の身体を第一に心配し、とにかく休んでください。ポイントは、感染に至る行動や他人への影響の有無です。自分だけがよければいいというような未発達な社会に我々は生きてはいません。自他の感染予防のために最大限の努力を改めてお願いします。

下宿に独り居では、寂しさも募るかもしれませんが、我々は、同じ大学の学生であるといういわば共通言語を持つ仲間を、一学年で二〇〇〇人近くも持っています。「追大？」「私も」これだけの会話で、距離感がぐっと近づいた経験を持つ人は多いと思います。まだ会話したことが無くとも、彼らは潜在的な友人です。

秋学期も、感染予防のため定期試験を無くしました。皆さんの成績は平常点を中心に評価されるはずで

す。

学期末の試験やレポートだけで評価するのではなく、毎回の授業の積み重ねをもって評価する方法は、教育の質保証のためにも望まれます。真に学びが深まったのか、知識が身につき判断力や発信力が向上したのかについては、たった一度の試験ではわかりにくいものだからです。

二〇二一年度以降についても、COVID-19の状況に関わらず定期試験期間を無くし、定期試験を行わないこととします。成績評価は原則毎回の授業の積み重ねによります。もちろん最終回や中間期などにおいて少し配点の大きいテストを行う授業もあるかもしれませんが、全体的な考え方としては、どの授業についても毎回の授業でどのような学びがあったのかを成績に反映することを前提とします。

これにより、皆さんの学びが、確実に、そして直截的に次につながることを目指しています。皆さん自身も、オイナビなどを通じて自分の成長をぜひ常に意識してください。

友人たちとも静かな交流を進め、今年なりの良い冬休みを過ごしてください。良いお年を。

茨木総持寺キャンパスのクリスマスツリー

なぜ大学における学問が重要なのか

2021・01・07

社会の出来事 12月26日、コロナ変異ウイルス相次いで確認で水際対策強化へ

あけましておめでとうございます。

正月休みの間、本学においてはクラスターも発生せず、陽性とされた方はいますが深刻な症状の感染者はいなかったようで、ひとまず安心しています。これで秋学期も学年暦を変更することなく終えられそうです。ひとえに学生および教職員の皆さんのご協力の賜物と感謝いたします。

ただし世の中の状況は穏やかではなく、首都圏のみならず、関西圏にも再び緊急事態が迫っています。

今、世界で起こっていることにより思い知らされたのは、人間という存在が、たった一種類のウイルスに対して、いかに無力であるかという事実です。これだけ文明が進展した現代において、世界中の叡智を結集しても、事態は収束に向かうどころか、むしろ悪化しています。

我々は、まだまだ学びが足りないようです。二一世紀の人類は、いまだ発展途上の存在のようです。

今こそ考えてみてください。

COVID-19のために経済的対応をし続けることは、今の日本の国家予算で可能なのでしょうか。この国は、そうでなくても既に税収の倍近くの予算を組んでいる国です。

茨木総持寺キャンパスの図書館

多くの会社や組織も、経営のあり方を問われています。人が動かない時に、これまでと同じ手法が通用するのでしょうか。

都道府県をまたぐ移動が禁じられたり、外国人の入国が制限されたりしていますが、そもそも地域に明確な境界などあるのでしょうか。国ごと、都道府県ごとの感染者数の発表は、ナショナリズムの典型です。ウイルスはそれを嘲るように簡単に国境を越えます。人間はウイルス以下の普遍性しか持っていないとは思いませんか。

家族の絆や近所付き合い、冠婚葬祭などを通じて形成され、個人が私的にだけではなく公的な役割を果たすことで守られてきた市民社会は、今後どうなっていくのでしょうか。

我々は、日々情報に右往左往し、状況を正しく認知できず不安になっています。我々の心理状態や思想はこれでよいのでしょうか。

今こそ歴史に学ぶことが必要です。現実を超えた想像力も求められています。

とにかく我々は、もっと学び、もっと考え、もっと賢くならねばなりません。

考え続けてください。考えるための思考方法は、皆さんが今学んでいる学問から応用可能です。

この困難に、人間の智慧が打ち勝つことを祈ります。

「コロナ脳」からの脱却を目指して

2021・01・22 **社会の出来事** 1月13日、7府県に2度目の緊急事態宣言、合わせて11都府県に

秋学期も無事、学年暦どおり学びを貫徹することができました。感謝いたします。

しかしながら、大阪府にも再び緊急事態宣言[注]が出され、落ち着かない日々が続いています。特に若者の行動に感染拡大の原因があるとして、その行動変容を求める言葉も聞かれます。確かに若者は行動範囲も広いので特段の留意が必要ですが、感染拡大の第一原因とするのも短絡的な議論です。学生の皆さん、ぜひ反駁できる姿を示してください。

二〇二〇年は、失われた一年と呼ぶべき、新型コロナウイルスの話題に振り回された一年でした。しかし、昨年一月から今日までの間にも、世界は大きな出来事をいくつも経験しています。

例えば世界の超大国であるアメリカ合衆国の大統領が代わりました。ヨーロッパでは、イギリスがEU(European Union)から本格的に離脱しました。ごく最近では、核兵器禁止条約が発効しました。日本においても、長期在任の首相が交代しました。また、大学入試センター試験が大学入学共通テストという新しい制度に変更されました。

これらはいずれも、新型コロナウイルスの感染とは直接は関係のない、歴史的な大変化です。

それにも関わらず、報道も少なく、本来の話題性の大きさから見て、良くも悪くも、あまりにも過少な

扱いを受けています。

我々は今、新型コロナウイルスのせいにして、他のことについては容易に思考停止してしまう、いわば「コロナ脳」とでも呼ぶべき状態に陥っているのではないでしょうか。もしそうならば、我々は急いでその状態から脱却しなければなりません。なぜなら、思考停止ほど人間を退化させるものはないからです。

二〇二二年四月より、現在の国際教養学部を、国際学部と文学部に改組することを計画しています。特に文学部は、かつて本学にも存在した学部の復活です。文学部とは、文学を学ぶ学部ではなく、humanitiesの翻訳とされる人文学全般、すなわち、人間が為す営為全般について、その歴史や仕組みを学び、人間そのものについて深く探究する多様な学問分野から成る学部です。この学部においても、思考することは最重要の話題です。

今もし我々に行動変容が必要であるのならば、この「コロナ脳」に関してではないでしょうか。

皆さん、考え続けてください。

2022年４月に開設する追手門学院大学文学部のビジュアルイメージ

注　第2回目の緊急事態宣言が2021年1月14日から大阪府を含む関西3府県に発出された。

当たり前の日常とは何か

2021・02・04　社会の出来事　2月1日、緊急事態宣言、10都府県は3月7日まで延長

今年は二月三日が立春で、暦の上では例年より一日早く春になりました。その前日である節分も、一八九七年以来一二四年ぶりに二月二日となり、話題になりました。

節分が何日かなどの日本の暦については、国立天文台が決めているとのことです。地球の公転、つまり太陽を一周する日数は三六五日ちょうどではなく、調整が必要で、それが四年ごとの閏年であることはご存知と思いますが、さらに微調整が必要で、世界中で一斉にこの調整が行われることがあります。このような時に当たると、暦が人工のもので、自然そのままでないことに否応なく気づかされます。これに加えて、今年のように各国独自の暦のずれも生じるわけです。

日本は一五〇年ほど前まで正式に旧暦を用いていましたし、いまだに各地にその名残も見られます。節分と立春も、農家であった我が家では、新年を意味する「年越し」と呼んでいました。

逆に見れば、我々が当たり前としている現在の多くの国の統一暦の方が驚くべきものと言えます。

このように、我々が日常と呼んでいるものは、普段は気づかず、何か劇的な変化があった時に初めて気

2021年は中止となった通天閣の節分豆まき 2020年には学生も参加した

づくものです。我々が歴史という名で学んだものも、実は当たり前の日々の記述などではなく、いわば事件史なのです。

小説やドラマなども同様です。「水戸黄門」などの時代物のテレビ番組で、事件も起こらず、印籠や桜吹雪が出ない回はありません。「名探偵コナン」のコナン少年は、もうどれだけ謎に満ちた事件の変死体を見たのでしょうか。こんな少年は現実には絶対に存在しません。

そうであるのに我々は、事件の起こらない「水戸黄門」や「名探偵コナン」は想定もしません。そこには、事件が起こることが前提の、実に「濃い」世界が拡がっています。ここが現実世界と決定的に異なる点です。

今、大阪は緊急事態宣言下にあります。緊急事態は、常態化すれば緊急事態ではありません。では、我々が戻るべき日常とはどのような日々を言うのでしょうか。皆さん、想像できますか。

思えば、節分があるからこそ季節は分けられ、その移ろいに気づきます。季節感も人工的なものかもしれません。このようなことを意識して、我々はもっと「濃い」日々を過ごすべきなのではないでしょうか。

ポジティブ思考の重要性

2021・02・19 社会の出来事 2月14日、新型コロナワクチン国内初の正式承認、米ファイザー製、厚生労働省

長いトンネルにも、必ず出口があります。

この一年間は、大学という場においても、大きな混乱と引き換えに、オンライン活用の拡がりに代表されるさまざまな進展があった事実にも気づかされます。学生の皆さんも、この一年を自らの成長の過程として、ぜひ前向きに捉えてほしいと思います。ネガティブな言葉は発するだけでよけいに人をネガティブにするからです。

入学前教育のいわゆる「先輩プログラム」の準備が佳境に入りました。本番は三月ですが、一一月には研修が始まり、今も続いています。学生スタッフは総勢一四〇名もいて、自ら志願して奮闘してくれています。

先日、代表の寺薗翼さん、副代表の加地龍也君、研修部の角倉早紀さん、メンター部の田中あゆこさんとオンラインで話す機会がありました。大人数のスタッフをまとめる苦労ももちろんですが、とにかく新入生にとって何がプラスとなるのかについて、真摯に悩んでくれていることに感銘を受けました。

ところで、「悩む」というのは、どのような状態を指すのでしょうか。

古い小説では、「山道に行き悩みて」「不眠に悩む」など、苦労する具体的な用法が多く見られますが、次第に「恋」など何かに思い悩む用法へと比重が移ったように思われます。さらに時代が進むと、何につ

↑オンラインで開催された入学前教育「先輩プログラム」

いて悩んでいるのかも自覚せず、悩むためだけに悩んでいるような登場人物まで見られるようになります。

　同じように、我々もまた、最初から「悩み」過ぎているのではないでしょうか。「悩む」前にまず考えればよいのではないでしょうか。例えば、新入生にとって何が助けになるのか「悩む」という言い方と、何が助けになるのか「考える」という言い方では、印象もかなり異なります。

　本学では、「OIDAI WIL」に加え、データとＩＣＴをこれまで以上に活用し、学修スタイルや教育手法、学生支援の方法をさらに高度化したいと考えています。いわゆるＤＸを教育現場へも取り込み、教育内容に応じた最適な手法により教育効果を最大化するための努力のすべてを、「OIDAI MATCH」（MAximized-TeaCHing）と呼ぶことにしました。学生の皆さんには、このDXをより能動的で自立的な行動への変容のきっかけとしてほしいと願っています。

　悩むのではなく、前向きに考えること。「think positive」でいきましょう。

▼追手門学院大学｜学びの特色「OIDAI WIL」「OIDAI MATCH」
→https://www.otemon.ac.jp/guide/neweducation.html

キャンパスなるものの再定義

2021・02・26 社会の出来事 2月23日、WHO、新型コロナ変異ウイルスは「100超の国や地域に拡大」

昨年春学期の授業の全面オンライン化の決定から、パソコン画面のみで授業に取り組む学生の皆さん方に伴走するつもりで、授業期間中は毎週一篇のペースで書き続けてきたこの学長メッセージも、休み中などの分を加え、ついに四〇号を数えました。毎回九〇〇字程度の分量ですので、約三万六〇〇〇字、古い言い方で言えば原稿用紙九〇枚分にもなりました。

私にとりましても、毎週の「言伝」執筆はとても勉強になる経験でした。習慣化された歩みは、その時はあまり気づきませんが、後から振り返ると必ずその道程が見えます。

さて、来年度、と言ってももう一ヶ月後に近づきましたが、四月からいよいよ一〇五分一三週の学年暦が始まります。新型コロナウイルスワクチンの接種も始まり、緊急事態宣言も早晩解除される見込みで、感染状況もかなり収まりつつあります。状況は以前とまったく同じではありませんが、この一年の体験を経て、むしろこれまで以上に大学生活を充実させることも可能だと信じ、さまざまな試みを行いたいと思っています。

その第一歩が、キャンパスなるものの再定義です。安全対策を十分に用意した上で、授業を含め、キャ

茨木総持寺キャンパスのWILホール

ンパスの新しい形での「賑わい」と「居心地」を取り戻したいと思います。

感染予防のために、在学中の学びが不十分だったというのでは、大学としても無責任極まりないと考えています。先生方にも、本学のオンライン授業については、対面授業の代替物などとは考えず、学びのために優れた方法のものであれば継続し、さらなる高度化も図っていただくようお願いしています。

その一方で、秋学期から少人数授業を中心に再開した対面授業は、以前とは決定的に質の異なるものとなりました。学生の皆さんも、教室で友人や教員と接することの意味を以前とは違う思いで体験したことも多かったのではないでしょうか。

キャンパスで人と会うことの魅力と、学修の高度化のためのオンライン授業。新年度からは双方のメリットを存分に感じ取っていただきたいと思います。

今後、皆さんには、アンケートその他によって状況と意見を尋ねたいと思っています。すべては皆さんの快適な学修環境の保持のためです。さあ、一緒に、追大スタイルの学びを創っていきましょう。

あとがき

連載途中には、いろいろな方々から、ご意見を頂戴しました。問いを投げかけた文章の際は、教職員の方から、「あれはどういう意味ですか」というご質問があったこともしばしばでした。授業の中で扱ってくださった先生や、この連載執筆に役立つような参考書籍を紹介してくださった先生もおられました。大学のウェブサイトにも「言伝」として転載されましたので、学外の方からも広く感想の言葉をいただきました。「大学生の息子に読ませます」と言ってくださった方もおられました。

やはり言葉は、誰かに伝わり、何らかの応答があれば、とてもうれしいものです。

やや残念だったのは、学長になり、授業を持たなくなったことに加え、感染予防のために学生たちと会う機会が極端に減ってしまったために、直接的な感想をあまり聞けなかったことです。

COVID–19の感染拡大という、歴史的な時代を過ごしたことを、学生たちには、一生の財産にするべく、前向きに捉え直し、この貴重な体験を将来の活動へとうまくつなげてほしいと思っています。我々は学生時代にCOVID–19を乗り越えた世代であると。

この大騒動のおかげで、それまで日常を信じ切っていた我々のものの見方が決定的に変化しました。二一世紀になっても、このように世界中を巻き込む大事件が起こります。街中の人々がマスクをしている光景も、やはり異様な光景です。このような、思考の基礎を根底から覆し、当然と思ってきたことを疑い、問い直す必要性というのは、考えてみれば、学問や研究の基本的態度でもあります。例えば『吾輩は猫である』。猫の目で人間を眺めるという語りを設定する。猫の目を通してみれば、人間の世界像も変わります。この画期的な視点の転換を、漱石は示してくれました。見方を変えるだけで、世界はもっと拡がります。この小さな本が、そのきっかけとなればと心から願っています。

なお、この本をまとめるに際し、本学広報課の仲西俊樹さん、谷ノ内識さん、足立崇さんに大いにお世話になりました。連載中から、さまざまの「ご注文」をたくさん頂戴しました。みんなでつくり上げる良い体験になりました。本当にありがとうございました。

二〇二一年

追手門学院大学学長　真銅　正宏

註記

なお、毎回の「言伝」は、まず、本学のCAMPUS SQUAREという教務および学生支援情報システムである学生ポータルサイトで全学生に配信し、合わせて本学の業務システムのグループウェアであるGaroonの掲示板で、教職員に共有し、さらに本学のwebsiteで学内外に公開していますが、別々のシステムであるために、それぞれの配信日時がずれることがあります。各章冒頭の日付は最初にCAMPUS SQUAREで学生に配信した日時を採っています。

また、参考として掲げたYouTubeや本学websiteの記事などのアドレスについても、メディアの性格上、時間が経つとともに更新されたり、配信終了となったりしたものが含まれていますが、発表当時のまま掲げてあります。既にアクセスできないものもありますので、ご留意ください。

著者紹介

真銅　正宏（しんどう　まさひろ）

1962年、大阪府生まれ。博士（文学）（神戸大学）。神戸大学大学院文化学研究科（博士課程）単位取得退学、徳島大学総合科学部助教授、同志社大学文学部教授等を経て、現在、追手門学院大学教授。同大学学長・宮本輝ミュージアム　プログラム・ディレクター。専攻は日本近現代文学。

主な著書に、
『数奇の場所を文学化する　宮本輝の小説作法 Part Ⅱ』（追手門学院大学出版会、2020年）、『まほろば文学街道』（萌書房、2020年）、『宿命の物語を創造する　宮本輝の小説作法 Part Ⅰ』（追手門学院大学出版会、2020年）、『匂いと香りの文学誌』（春陽堂書店、2019年）、『触感の文学史』（勉誠出版、2016年）、『偶然の日本文学』（勉誠出版、2014年）、『近代旅行記の中のイタリア』（学術出版会、2011年）、『永井荷風・ジャンルの彩り』（世界思想社、2010年）、『食通小説の記号学』（双文社出版、2007年）、『小説の方法』（萌書房、2007年）、『ベストセラーのゆくえ』（翰林書房、2002年）、『永井荷風・音楽の流れる空間』（世界思想社、1997年）
以上単著、
『小林天眠と関西文壇の形成』（和泉書院、2003年）、『大阪のモダニズム』（ゆまに書房、2006年）、『ふるさと文学さんぽ　京都』（大和書房、2012年）、『言語都市・上海』（藤原書店、1999年）、『言語都市・パリ』（藤原書店、2002年）、『パリ・日本人の心象地図』（藤原書店、2004年）、『言語都市・ベルリン』（藤原書店、2006年）、『言語都市・ロンドン』（藤原書店、2009年）
以上共編著　など。

OIDAI ライブラリー①
言伝（ことづて）
～2020年 学長は学生に何を伝えたのか～

2021年10月30日初版発行

著作者　真銅　正宏

発行所　追手門学院大学出版会
〒567-8502
大阪府茨木市西安威2-1-15
電話（072）641-7749
https://www.otemon.ac.jp/

発売所　丸善出版株式会社
〒101-0051
東京都千代田区神田神保町2-17
電話（03）3512-3256
https://www.maruzen-publishing.co.jp

編集・制作協力　丸善雄松堂株式会社

組版／株式会社 明昌堂
印刷・製本／三美印刷株式会社
ISBN978-4-907574-28-4 C0337